Mariana Tiholaz

Responsabilização de Actores Não Estatais ao abrigo da Lei dos Direitos Humanos

Mariana Tiholaz

Responsabilização de Actores Não Estatais ao abrigo da Lei dos Direitos Humanos

para Genocídio e Crimes contra a Humanidade: Indivíduos, Grupos Armados e Corporações

ScienciaScripts

Publisher:
Sciencia Scripts
is a trademark of
Dodo Books Indian Ocean Ltd., member of the OmniScriptum S.R.L Publishing group
str. A.Russo 15, of. 61, Chisinau-2068, Republic of Moldova Europe
Printed at: see last page
ISBN: 978-620-3-05869-7

1

ÍNDICE

SÍNTESE

O objectivo desta tese é examinar problemas de responsabilização por genocídio e crimes contra a humanidade cometidos por actores não estatais, tais como indivíduos, grupos armados (rebeldes, insurgentes, beligerantes, movimentos de libertação nacional, grupos rebeldes, grupos de oposição armada, insurgentes não reconhecidos, partes num conflito armado interno, movimentos insurrecionais bem sucedidos e outros movimentos) e corporações, e analisar o conteúdo das respostas legais disponíveis ao abrigo de dois ramos do direito internacional: o direito dos direitos humanos e o direito penal. Neste contexto, a tese também analisará a prática do Tribunal Europeu dos Direitos Humanos e do Sistema Interamericano.

A tese procura examinar a natureza e o alcance das obrigações por parte do Estado quando a ameaça de genocídio e crimes contra a humanidade provém de actores não estatais. A principal questão a este respeito é examinar o tipo de obrigações que o direito internacional dos direitos humanos impõe aos sujeitos de obrigações por genocídio e crimes contra a humanidade quando os actores não-estatais os perpetram. As questões neste contexto são:

- A lei dos direitos humanos aplica-se a actores não estatais tais como grupos armados, indivíduos e empresas?
- Quais são os mecanismos de responsabilização dos actores não estatais, tais como corporações, indivíduos e grupos armados por cometerem genocídio e crimes contra a humanidade?
- Que tipo de deveres colocam as convenções sobre direitos humanos aos Estados no que diz respeito às violações dos direitos que estas convenções protegem?
- Qual é o papel e o alcance da doutrina da "devida diligência"?

Além disso, presta atenção à questão da complementaridade entre o direito internacional dos direitos humanos e o direito penal na responsabilização de empresas, indivíduos e grupos armados por genocídio e crimes contra a humanidade e argumenta que a complementaridade entre estes dois ramos do direito internacional pode assegurar uma maior responsabilização destes actores não estatais. No direito penal internacional, os crimes contra a humanidade sobrepõem-se a algumas violações fundamentais dos direitos humanos no Estatuto de Roma, o que, na opinião de Peter Finell[1], significa que as violações fundamentais dos direitos humanos são criminalizadas ao abrigo do Estatuto de Roma.

No contexto da ligação entre o direito internacional dos direitos humanos e o direito penal, a tese examinará também os mecanismos para responsabilizar os actores não estatais ao abrigo da Convenção sobre o Genocídio e ao abrigo do Estatuto do Tribunal Penal Internacional. Os crimes contra a humanidade e o genocídio são crimes que têm requisitos específicos para os actos, intenções e o actor. A tese procura identificar os requisitos para que um actor não estatal seja responsabilizado criminalmente por crimes contra a humanidade e genocídio. Presta também atenção ao crime de perseguição e de limpeza étnica. A tese examinará também a jurisprudência dos tribunais internacionais ad hoc: Tribunal Penal Internacional para o Ruanda e Tribunal Penal Internacional para a ex-Jugoslávia.

O Capítulo I examina os problemas de responsabilização dos actores não estatais por genocídio e crimes contra a humanidade ao abrigo do direito internacional dos direitos humanos e concentra-se em cada uma das categorias em particular: indivíduos, grupos armados e corporações. Dá algumas ideias sobre a questão dos actores não estatais como detentores de obrigações no direito internacional em matéria de direitos humanos. Este capítulo discute também as obrigações de direitos humanos para diferentes categorias de grupos armados, tais como insurrectos, rebeldes, movimentos de libertação nacional, grupos paramilitares, etc. São ainda analisados mecanismos de responsabilização de indivíduos, grupos armados e corporações por genocídio e crimes contra a humanidade. A sua responsabilidade é problemática (com excepção dos indivíduos que são processados ao abrigo do direito penal nacional e internacional por estas violações) e o capítulo analisa também os possíveis desenvolvimentos no terreno. Também se refere às práticas dos organismos regionais de direitos humanos relativas à responsabilização dos actores não estatais: Tribunal Europeu dos Direitos do Homem e Sistema Interamericano. A responsabilidade do Estado pelas acções dos actores não estatais é também examinada e é dada atenção ao conteúdo da doutrina da diligência devida.

O Capítulo II examina as complementaridades entre o direito dos direitos humanos e o direito penal internacional na repressão de crimes contra a humanidade e genocídio cometidos por actores não estatais.

---

[1] Citado em "Accountability under Human Rights Law and International Criminal Law for Atrocities Against Minority Groups Committed by Non-State Actors" por Peter Finell, Abo Akademi Institute for Human Rights, Maio de 2002, p. 5, disponível na Internet em http://web.abo.fi/instut/imr/norfa/peter.pdf . Última visita em 24 de Março de 2008;

Examina os benefícios para o sistema de protecção dos direitos humanos trazidos pelo Estatuto de Roma e estuda as características e elementos do genocídio e dos crimes contra a humanidade. Dá uma visão geral da perseguição como crime contra a humanidade e limpeza étnica e defende que a complementaridade entre estes dois ramos do direito pode assegurar uma melhor responsabilização dos actores não-estatais.

Métodos e fontes.

A tese examina o tema da responsabilização dos actores não estatais do ponto de vista jurídico, examinando fontes legais relevantes tais como monografias, revistas jurídicas e fontes da Internet (Westlaw, Hein Online, base de dados do Tratado da ONU, etc.). Nesta tese são também utilizados relatórios de organizações não governamentais internacionais (Human Rights Watch, Amnistia Internacional), Comentários Gerais do Comité dos Direitos Humanos da ONU e relatórios da ONU. De maior relevância são as convenções internacionais de direitos humanos, tais como o Pacto Internacional sobre Direitos Civis e Políticos (ICCPR), a Convenção Internacional sobre a Eliminação de Todas as Formas de Discriminação Racial, e as convenções regionais de direitos humanos, tais como a Convenção Americana sobre Direitos Humanos e a Convenção Europeia sobre Direitos Humanos. A tese refere-se também a instrumentos de direito penal internacional, tais como a Convenção sobre o Genocídio e o Estatuto do Tribunal Penal Internacional.

Além disso, é também examinada a jurisprudência relevante do ICTR e do ICTY, do Comité dos Direitos Humanos da ONU, da CEDH e do Tribunal Interamericano dos Direitos Humanos e da jurisdição nacional (US Alien Tort Claims Act). É dada uma atenção especial aos últimos desenvolvimentos no terreno, à discussão internacional em curso e às normas fundamentais da humanidade.

INTRODUÇÃO

Desde a Segunda Guerra Mundial ocorreram cerca de 250 conflitos diferentes e cerca de 170 milhões de pessoas foram mortas.[2] Isto é quase duas vezes mais do que durante as duas guerras mundiais e a maior parte delas morreu em conflitos armados não internacionais. Genocídio e crimes contra a humanidade também foram cometidos durante alguns destes conflitos, juntamente com tortura, execuções extrajudiciais e detenções arbitrárias que constituem graves violações do direito internacional. Muito frequentemente os conflitos modernos são causados por tensões entre um governo central e uma população minoritária ou entre grupos minoritários e população maioritária. Conflitos em que um governo existente entrou em colapso, é incapaz ou não está disposto a parar a violência entre grupos armados, ocorrem com bastante frequência. Em 1998, apenas dois dos 25 principais conflitos no mundo foram guerras entre Estados. [3]

No período após a Segunda Guerra Mundial, muitas violações dos direitos humanos, que se traduziram em genocídio e crimes contra a humanidade, foram cometidos por actores não estatais, tais como grupos armados que incluem bandos civis armados, unidades paramilitares e mesmo crianças[4] . Grupos armados como milícias, grupos insurgentes e outros actores não-estatais perpetraram campanhas de limpeza étnica, genocídios nas últimas décadas. Os actores não estatais representam uma ameaça crescente para os grupos minoritários e mesmo para os refugiados.[5] No Ruanda, civis hutus foram incitados a matar civis tutsis, na Libéria grupos armados cometeram crimes contra a humanidade, na antiga Jugoslávia a maioria das atrocidades qualificadas como crimes contra a humanidade foram cometidos por grupos armados de civis [6]Responsabilização de grupos paramilitares, bandos armados de civis e outros actores não estatais é

---

[2]"Accountability under Human Rights Law and International Criminal Law for Atrocities Against Minority Groups Committed by Non-State Actors" de Peter Finell, Abo Akademi Institute for Human Rights, Maio de 2002, p. 1, disponível na Internet em http://web.abo.fi/instut/imr/norfa/peter.pdf . Última visita em 24 de Março de 2008;

[3] Conselho Internacional sobre Política de Direitos Humanos: "Ends & means: human rights approaches to armed groups", pp. 5-6.), disponível na Internet em http://www.reliefweb.int/library/documents/2001/EndsandMeans.pdf . Última visita em 27 de Março de 2008;

[4] Num estudo do Conselho Internacional sobre Política de Direitos Humanos, sobre a responsabilidade dos grupos armados não estatais, é utilizado o termo "grupos armados" nesse contexto para "actores não estatais", e define tais grupos como grupos que estão armados e utilizam a força para alcançar os seus objectivos e não estão sob controlo estatal". Nesta tese, será utilizado o termo "grupos armados". Um amplo entendimento desta definição será também utilizado abaixo, mas em relação ao termo "actores não-estatais". (Conselho Internacional sobre Política de Direitos Humanos: "Fins e meios: abordagens dos direitos humanos aos grupos armados ",pp. 5-6.), disponível na Internet http://www.reliefweb.int/library/documents/2001/EndsandMeans.pdf. Última visita em 25 de Março de 2008;

[5] Supra, 2, p.3;

[6] Ibid..;

um dos desafios mais difíceis trazidos pelos conflitos contemporâneos à protecção dos direitos humanos e à segurança humana.[7] Uma questão que é mais complicada é se a lei dos direitos humanos se aplica aos actores não-estatais e como os actores não-estatais podem ser responsabilizados pelas violações dos direitos fundamentais. As violações dos direitos humanos podem equivaler a genocídio e crimes contra a humanidade e a ameaça proveniente de actores não-estatais aumenta. Danielle Lachman considera que a intenção da Convenção sobre o Genocídio era tanto dissuadir como punir os violadores dos direitos humanos.[8] O genocídio e os crimes contra a humanidade são vistos por este autor e alguns outros investigadores como Peter Finell também como uma violação da lei dos direitos humanos.

Todo o sistema de direitos humanos tem sido baseado na responsabilidade dos Estados pelas violações dos direitos humanos. Tem sido dito que tentar alargar as obrigações em matéria de direitos humanos aos actores não estatais pode diluir as responsabilidades dos Estados no que diz respeito às suas obrigações em matéria de direitos humanos. Por outro lado, numa economia globalizada, o comércio que acompanha a exploração económica ou as guerras civis já não é controlado pelo governo.[9] Autores como Andrew Clapham consideram que algumas das obrigações encontradas no direito internacional público que tradicionalmente se aplicam apenas aos Estados, também se aplicam aos actores não-estatais, mesmo que estes actores não-estatais não tenham alcançado um papel de legislador. As regras gerais existentes do direito internacional dos direitos humanos, criadas e reconhecidas pelos Estados, fixam-se agora nos - actores não-estatais para que estes possam ser responsabilizados por violações desta lei. Ele afirma que se pode aceitar que o direito internacional é o resultado de processos entre estados nacionais [10] e que podemos criar um quadro "sem que a lei de responsabilidade estatal existente se desmorone e sem legitimar indevidamente os actores não-estatais relevantes".

No contexto das obrigações que surgiram relativamente a condutas proibidas pelo direito internacional público e pelo direito dos direitos humanos, é necessário compreender que o mesmo acto, o genocídio, por exemplo, pode violar obrigações múltiplas. Pode haver também múltiplas instâncias em que se pode

---

[7] Ver, por exemplo, o documento da ONU. E/CN.4/1998/87 5 de Janeiro de 1998. "Normas humanitárias mínimas". Relatório analítico do Secretário-Geral apresentado nos termos da resolução da Comissão dos Direitos Humanos 1997/2, (*Refugee Survey Quarterly*. 1998; p. 102-104) e Doc. E/CN.4/2001/91 12 de Janeiro de 2001 "Fundamental Standards of Humanity Report" do Secretário-Geral apresentado em conformidade com a resolução 2000/69 da Comissão. Relatório da Reunião de Peritos sobre Normas Fundamentais da Humanidade, Estocolmo 22-24, Fevereiro de 2000, disponível em http://www.unhchr.ch/Huridocda/Huridoca.nsf/(Symbol)/E.CN.4.2001.91.En?Opendocument. Última visita, 25 de Março de 2008;

[8] Danielle Lachman "Direitos Humanos na Bósnia: implementação de uma acção penal eficaz", 8 Fla. J. Int'l L. 325 (Florida Journal of International law), Verão de 1993, p. 326. Disponível na base de dados Westlaw. Última visita, 23 de Abril de 2008;

[9] Andrew Clapham *Human Rights Obligations of Non-State Actors*, Academy Of European Law, European University Institute, Oxford University Press, USA, The collected courses of the Academy of European Law. XV/1 2006, p. 26;

[10] Ibid., p.28;

responsabilizar os vários actores, tais como os tribunais nacionais (responsabilidade civil e penal de pessoas singulares e colectivas), um tribunal penal internacional (responsabilidade penal individual), e os órgãos e tribunais de controlo dos tratados de direitos humanos relevantes (para responsabilizar o Estado pela violação das suas obrigações decorrentes dos tratados).[11] Uma questão problemática é o estatuto das empresas ou pessoas colectivas em geral. O projecto de Estatuto do Tribunal Penal Internacional no início da Conferência de Roma em 1998 incluía um parágrafo entre parênteses que assegurava a possibilidade de julgar "pessoas colectivas, com excepção dos Estados, quando os crimes fossem cometidos em nome dessas pessoas colectivas ou pelos seus agentes e representantes".[12] Este parágrafo não foi incluído no Estatuto de Roma devido em parte ao facto de, segundo o Coordenador do grupo de trabalho sobre princípios gerais, "o tempo estava a esgotar-se".[13] Foi também alegado que as pessoas colectivas referidas no projecto não podiam demonstrar a capacidade jurídica necessária para serem os portadores de obrigações internacionais.

A responsabilização por genocídio e crimes contra a humanidade é importante para as vítimas destes crimes, os seus amigos e familiares, porque lhes dá um sentido de justiça. É importante em regimes transitórios, a fim de reparar os danos da sociedade traumatizada por estas atrocidades e começar a construir uma conciliação nacional. A responsabilização também deve ter um efeito dissuasor. Deve impedir os acusados e outros de cometerem crimes semelhantes no futuro e promover o Estado de direito. A responsabilização procura reabilitar o infractor, mas este aspecto é menos proeminente no caso de genocídio e crimes contra a humanidade. Pode ser visto como uma punição e uma condenação moral dos delitos. [14]

Na discussão internacional sobre padrões fundamentais da humanidade, a responsabilização de grupos armados, empresas e outros actores não estatais é vista como um dos desafios mais difíceis trazidos ao direito internacional dos direitos humanos.

---

[11] Andrew Clapham *Human Rights Obligations of Non-State Actors*, Academy Of European Law, European University Institute, Oxford University Press, USA, The collected courses of the Academy of European Law. XV/1 2006, p.32;
[12] Ibid., p. 30;
[13] Ibid., p. 31;
[14] Supra, 2, p.24;

1. PROBLEMAS DE RESPONSABILIZAÇÃO DE INDIVÍDUOS, GRUPOS ARMADOS E CORPORAÇÕES POR GENOCÍDIO E CRIMES CONTRA A HUMANIDADE AO ABRIGO DO DIREITO INTERNACIONAL DOS DIREITOS HUMANOS

.

1.1.Actores não estatais como detentores de direitos no direito internacional dos direitos humanos

Convenções internacionais de direitos humanos, tais como o Pacto Internacional sobre Direitos Civis e Políticos, a Convenção Europeia para a Protecção dos Direitos Humanos e Liberdades Fundamentais, e a Convenção Americana sobre Direitos Humanos, são tratados assinados entre Estados, redigidos por Estados e criam obrigações para os Estados.[15] Mesmo que o Estado ainda seja o principal responsável por assegurar o respeito pelos direitos humanos, novas entidades não estatais que cometeram graves violações do direito internacional dos direitos humanos desafiaram seriamente a capacidade do Estado para os controlar.[16] Kalliopi K. Koufa afirmou na discussão sobre terrorismo e direitos humanos que há necessidade de "avaliar objectivamente se o direito internacional dos direitos humanos está a ultrapassar a dicotomia tradicional de indivíduo contra Estado, para além do dever dos Estados de respeitar e assegurar a observância dos direitos humanos, e para a criação de obrigações aplicáveis também a indivíduos privados e outros actores não estatais, incluindo movimentos de libertação e organizações terroristas".[17]

---

[15] Accountability under Human Rights Law and International Criminal Law for Atrocities Against Minority Groups Committed by Non-State Actors" por Peter Finell, Abo Akademi Institute for Human Rights, Maio de 2002, p. 9, disponível na Internet em http://web.abo.fi/instut/imr/norfa/peter.pdf . Última visita em 24 de Março de 2008 ;

[16] Ibid, p. 10;

[17] "Terrorismo e direitos humanos", documento de trabalho apresentado pela Sra. Kalliopi K. Koufa em conformidade com a resolução 1996/20 da Subcomissão, Doc. da ONU. E/CN.4/Sub.2/1997/28. Disponível na Internet em

Existem muitos pontos de vista diferentes entre investigadores, académicos e governos sobre se os actores não estatais, tais como corporações, grupos armados, podem cometer violações dos direitos humanos e se devem ser responsabilizados por elas ao abrigo da lei dos direitos humanos. Jan Arno Hessbruegge no seu artigo "Human Rights violations arising from conduct of Non-State Actors" [18]identifica três dimensões das relações entre direitos e deveres:

---

http://huachen.org/english/issues/terrorism/rapporteur/index.htm . Última visita, 10 de Abril de 2008;

[18] Jan Arno Hessbruegge "Human Rights violations arising from conduct of Non-State Actors", 11 Buff. Hum. Rts. L. Rev. (Buffalo Human Rights Law Review) 21, 2005, p. 25. Disponível na base de dados Westlaw. Última visita, 9 de Abril de 2008;

-Obrigações Verticais: O Estado (S) tem a obrigação de fazer ou não fazer X nas suas relações com um actor não estatal (N), porque N pode invocar um direito humano contra o Estado.

-Diagonal Obligations: O Estado tem a obrigação de proteger um actor não estatal (N1), assegurando que outro actor não estatal (N2) faça ou não X a N1, porque N1 pode invocar um direito humano contra o Estado.

-Obrigações horizontais: N1 deve ou não fazer X a N2, porque N2 tem um direito humano correspondente a uma obrigação de N1.[19]

Os direitos humanos têm sido associados principalmente à primeira dimensão das obrigações verticais. As obrigações diagonais exigem que os Estados protejam um actor não estatal de outro em determinadas situações, em vez de criarem obrigações directas entre actores não estatais. As obrigações horizontais deixam aos Estados a liberdade de escolher a forma de as cumprir.

O parágrafo que abre a Declaração Universal pode ser visto como criando obrigações horizontais de direitos humanos para os actores não estatais. Vê cada indivíduo e cada órgão da sociedade como tendo a obrigação de promover a adesão dos Estados às suas obrigações em matéria de direitos humanos. Em 1999, a Assembleia Geral da ONU aprovou uma Declaração sobre o Direito e Responsabilidade dos Indivíduos, Grupos e Órgãos da Sociedade de Promover e Proteger os Direitos Humanos e as Liberdades Fundamentais Universalmente Reconhecidos.[20] Mas não incluía o dever dos actores não estatais de não se envolverem em violações dos direitos humanos.[21] No mesmo ano, a ONU iniciou a iniciativa Global Compact com o objectivo de evitar o envolvimento de corporações em violações dos direitos humanos.

Ao discutir as atrocidades cometidas na guerra na ex-Jugoslávia, um membro do Comité dos Direitos

[20] Texto completo do Declaração é disponível na Internet e
Humanos considerou que a autoridade sérvia bósnia que tinha o controlo de um

http://www.unhchr.ch/huridocda/huridoca.nsf/(Symbol)/A.RES.53.144.En. Última visita, 10 de Abril de 2008;

[21] Declaração sobre o Direito e Responsabilidade dos Indivíduos, Grupos e Órgãos da Sociedade de Promover e Proteger os Estados de Direitos Humanos e Liberdades Fundamentais Universalmente Reconhecidos: (...) Qualquer pessoa que, como resultado da sua profissão, possa afectar a dignidade humana, os direitos humanos e as liberdades fundamentais de outrem deve respeitar esses direitos e liberdades e cumprir as normas nacionais e internacionais relevantes de conduta ou ética profissional e profissional". (art. 11).

"[i]os indivíduos, grupos, instituições e organizações não governamentais também têm um papel importante e uma responsabilidade em contribuir, conforme apropriado, para a promoção do direito de todos a uma ordem social e internacional em que os direitos e liberdades estabelecidos na Declaração Universal dos Direitos do Homem e outros instrumentos de direitos humanos possam ser plenamente realizados". (art. 18(3));

território estava vinculado pela lei dos direitos humanos.[19] Os organismos regionais de direitos humanos foram confrontados com uma série de casos em que foram cometidas violações dos direitos humanos por actores não estatais.

1.2. A
prática do Tribunal Europeu dos Direitos do Homem e do Tribunal Interamericano dos Direitos do Homem.

Estes organismos têm jurisdição sobre os actores estatais, mas durante o tempo desenvolveram algumas abordagens para definir a extensão da obrigação positiva do Estado de defender os indivíduos das violações dos direitos humanos provenientes de actores não estatais.[20] Algumas destas decisões mostram como os direitos humanos se aplicam na esfera privada. Poucos casos do Tribunal Europeu dos Direitos do Homem e do Tribunal Interamericano dos Direitos do Homem serão analisados. Em alguns casos, a CEDH abordou o problema das obrigações dos Estados de tomar medidas para proteger os direitos humanos contra interferências de actores não-estatais. Mas o Tribunal mostrou algumas reservas em desenvolver uma teoria geral sobre obrigações positivas. Existe alguma ambiguidade quanto à medida em que a Convenção Europeia dos Direitos do Homem cria obrigações também para os actores não estatais, e não apenas para os Estados. A [21]CEDH declarou que o direito à vida privada cria obrigações para os Estados que envolvem "a adopção de medidas destinadas a assegurar o respeito pela vida privada, mesmo na esfera das relações dos indivíduos entre si". [22]Mais adiante será analisada a abordagem da CEDH ao direito à vida (art. 2), à proibição da escravatura e do trabalho forçado (art.4) e à proibição da tortura (art.3) na Convenção em relação aos actores não-estatais. Estes artigos foram escolhidos porque a escravatura é um dos actos que constituem crime contra a humanidade e a matança em massa é um dos actos que constituem genocídio e são também violações dos direitos humanos. [23]

---

[19]Supra, 18, p.40;

[20]Andrew Clapham *Human Rights Obligations of Non-State Actors*, Academy Of European Law, European University Institute, Oxford University Press, USA, The collected courses of the Academy of European Law. XV/1 2006, p. 347;

[21] Ibid, p. 349;

[22] *Processo X e Y contra Países Baixos*, acórdão de 25 de Março de 1985, pedido nº 8978/80, par.23;

[23] Neste contexto, W. Schabas considera que a proibição de genocídio está intimamente relacionada com o direito à vida, um dos direitos humanos fundamentais definidos nos instrumentos internacionais de direitos humanos. Ele é de opinião que estes instrumentos dizem respeito ao direito à vida dos indivíduos, enquanto a Convenção sobre o Genocídio está associada ao direito à vida dos grupos humanos, por vezes falado como direito à existência.

Para mais detalhes ver William A. Schabas *Genocide em Direito Internacional: The Crimes of Crimes*, Universidade Nacional da Irlanda, Galway, Cambridge University Press, p. 6;

Na *Sra. W. versus Reino Unido,* a recorrente queixou-se de não proteger as vidas do seu irmão e marido mortos na Irlanda do Norte e na Irlanda. W. foi morto a tiro quando estava a negociar em privado a compra de gado após um leilão na República da Irlanda. O IRA Provisório reivindicou a responsabilidade. O seu irmão também foi baleado várias vezes na cabeça num bar por três pistoleiros. A Sra. W era da opinião que o artigo 2 da Convenção Europeia dos Direitos Humanos, primeira frase, interpretada à luz da frase "As Altas Partes Contratantes assegurarão ... os direitos e liberdades definidos na Secção I" do artigo 1 da Convenção, exige que o Reino Unido, na situação de emergência que então se verificava na Irlanda do Norte, proteja o direito à vida não só através de processos penais contra os infractores, mas também através de um controlo preventivo como o destacamento das suas forças armadas, a fim de proteger as pessoas expostas a ataques terroristas. [24]A posição da Comissão reflectia a opinião de que o artigo 2º incluía um dever do Estado de oferecer protecção aos indivíduos contra ameaças provenientes de actores não estatais:

15. A Comissão não pode concluir que o Reino Unido tenha sido obrigado, ao abrigo da Convenção, a proteger o irmão do requerente através de medidas que vão além das efectivamente tomadas pelas autoridades, a fim de proteger a vida e a integridade física dos habitantes da Irlanda do Norte contra ataques de terroristas.

16. Também não pode considerar que a requerente possa, ao abrigo do artigo 2º, exigir tais medidas adicionais no que diz respeito à sua própria protecção (...). [25]

Em *Ergi versus Turquia a* CEDH encontrou uma violação do artigo 2 mesmo que não tenha sido provado que a bala, que matou a irmã do candidato, Havva Ergi, era de uma arma utilizada pelas forças do Estado. [26]

O Tribunal também se referiu ao acórdão *McCann e outros contra o Reino Unido* e *Kaya contra a Turquia, a fim* de identificar que os artigos 1 e 2 da Convenção lidos em conjunto "exigem [s] por implicação que deve haver alguma forma de investigação oficial eficaz quando indivíduos tenham sido

---

[24] *W contra o Reino Unido,* app.9348/81, decisão de 28 de Fevereiro de 1983, p.199-200, par.11;

[25] Ibid, p. 200, par. 15-16;

[26](...) o Tribunal concorda com a Comissão que a responsabilidade do Estado não se limita a circunstâncias em que existam provas significativas de que o fogo desviado de agentes do Estado matou um civil. Pode também ser envolvido quando não tomam todas as precauções viáveis na escolha dos meios e métodos de uma operação de segurança montada contra um grupo adversário, com vista a evitar e, em qualquer caso, a minimizar a perda acidental de vidas civis. Assim, embora não tenha sido estabelecido sem margem para dúvidas que a bala que matou Havva Ergi tinha sido disparada pelas forças de segurança, o Tribunal deve considerar se a operação das forças de segurança tinha sido planeada e conduzida de modo a evitar ou minimizar, na medida do possível, qualquer risco para as vidas dos aldeões, incluindo do poder de fogo dos membros do PKK apanhados na emboscada (parágrafo 79).

Ergi v. Turquia, requerimento 66/1997/850/1057, acórdão de 28 de Julho de 1998;

mortos em resultado do uso da força por, *inter alia,* agentes do Estado"[27]. [28]

Outro caso importante que destaca as obrigações em matéria de direitos humanos relativamente ao direito à vida é *Vo versus França*. A CEDH declarou que "as obrigações positivas exigem que os Estados façam regulamentos que obriguem os hospitais, privados ou públicos, a adoptar medidas apropriadas para a protecção da vida dos doentes".[29] A negligência de indivíduos privados que actuam como pessoal médico que causa a morte está no âmbito do art.2. O Estado tem a obrigação de investigar a causa da morte e punir os indivíduos que são considerados culpados. [30]

A.Clapham resumiu da seguinte forma a jurisprudência da CEDH relativa ao artigo 2 em relação a actores não estatais:

- As mortes e tentativas de morte por agentes não estatais são abrangidas pelo âmbito do artigo 2;
- O dever do Estado de prevenir tais mortes e oferecer protecção depende se as autoridades souberem ou o que deveriam saber sobre a natureza do risco real;
- O dever de investigar um homicídio no contexto da luta contra o terrorismo existe, quer o homicídio tenha ou não sido demonstrado como sendo obra das autoridades estatais;
- Em alguns casos, o actor não estatal terá obrigações que vão para além do de não matar.

Relativamente ao artigo 3, a CEDH desenvolveu um dever de proteger os indivíduos da violência que provém de actores não estatais no estrangeiro. A extradição, expulsão ou deportação de um indivíduo para um local onde este enfrente um risco real de violência proveniente de um actor não-estatal pode violar a Convenção. [31]Em *Altun versus Alemanha* o problema da violência proveniente de actores não-estatais não foi suficientemente desenvolvido. O caso não se desenvolveu mais, porque o requerente cometeu um suicídio e o caso foi eliminado da lista. [32]Outro caso relevante neste contexto é *Ahmed contra a Áustria*. Ahmed era cidadão da Somália, residente em Graz, Áustria. O caso dizia respeito à queixa de Ahmed de

---

[27] Ibid, par.82;

[28] Ibid, par. 86;

[29] *Vo contra França*, requerimento n° 53924/00,acórdão de 8 de Julho de 2004, par.89;

[30] Andrew Clapham *Human Rights Obligations of Non-State Actors*, Academy Of European Law, European University Institute, Oxford University Press, USA, The collected courses of the Academy of European Law. XV/1 2006, p. 372;

[31] Ibid, p. 376;

[32] A Comissão declarou:

(...) a Comissão sublinha que só pode ser considerada a existência de um perigo objectivo para a pessoa a ser extraditada. A conclusão de que tal perigo existe não envolve necessariamente a responsabilidade do Governo do Estado que solicita a extradição. Além disso, a Comissão teve em conta, em casos de expulsão, um perigo que não advém das autoridades do Estado que recebe a pessoa em causa.

Altun versus Alemanha, decisão de admissibilidade de 3 de Maio de 1983, pedido 10308/83, para. 5, p. 232;

que a sua expulsão para a Somália o exporia a um risco grave de ser preso, torturado ou morto. Ele invocou o Artigo 3 da Convenção. Em 1994, quando foi apresentada a queixa, na Somália, estava em curso um conflito armado interno. A ameaça sobre a qual o requerente se queixava provinha de actores não estatais, um grupo armado - a facção do General Aideed. As autoridades austríacas consideraram que isto estava fora do âmbito da Convenção. Mas a Comissão declarou:

A posição das autoridades austríacas de que não existe risco substancial para o requerente desde que a autoridade estatal deixou de existir na Somália não pode ser aceite. Basta que aqueles que detêm um poder substancial dentro do Estado, embora não sejam o Governo, ameacem a vida e a segurança do requerente. Esta é claramente a situação no presente caso, dada a posição poderosa do General Aideed. [33]

A Comissão considerou que a expulsão do requerente violaria o artigo 3º da Convenção.[34] Após este acórdão, a Áustria incorporou-o na sua legislação nacional. Mas em 1998 Ahmed cometeu um suicídio. Após ter sido adoptada uma resolução relativa ao acórdão do Tribunal Europeu dos Direitos do Homem de 17 de Dezembro de 1996 no processo *Ahmed versus Áustria* que enfatizava o princípio [35]*da não repulsão* "[ênfase acrescentada]" "independentemente de a ameaça ser imputável ao Estado ou resultar da ausência de autoridade estatal"[36]. Esta questão pode ficar enredada com a questão da protecção ao abrigo do direito dos refugiados. [37]A relação entre tortura e refugiados é mais relevante quando a Convenção Contra a Tortura e Outros Tratamentos ou Penas Cruéis, Desumanos ou Degradantes é considerada. O [38]nº 1 do artigo 3º desta Convenção estabelece que "nenhum Estado Parte poderá expulsar, regressar ("refouler") ou extraditar uma pessoa para outro Estado onde existam motivos substanciais para acreditar que correria o risco de ser sujeita a tortura". O artigo prevê que as autoridades devem verificar se existem

---

[33] *Sharif Hussein Ahmed contra a Áustria*, pedido nº 25964/94, relatório da Comissão adoptado em 5 de Julho de 1995, para. 68;

[34] A Comissão "[h]será que, enquanto o requerente enfrentar um risco real de ser sujeito na Somália a um tratamento contrário ao artigo 3º da Convenção (artigo 3º), haverá uma violação dessa disposição (artigo 3º) no caso de a decisão de o deportar para lá ser implementada".
Ahmed v Áustria, Relatório de 17.12.1996;

[35] Um perito em direito dos refugiados define o princípio da não repulsão como "nenhum refugiado deve ser repatriado para qualquer país onde seja provável que enfrente perseguição ou tortura". Ver Guy S. Goodwin-Gill *The Refugee in International Law* (2 ed, Clarendon Press, Oxford, 1996) 117;

[36] Afirma: "Em resultado desta alteração, as actividades de um indivíduo na situação do requerente, por muito indesejáveis ou perigosas que sejam, não podem assim justificar a sua expulsão quando tal conduza a um risco de tratamento incompatível com o artigo 3º da CEDH, e isto independentemente de a ameaça ser imputável ao Estado ou resultar da ausência de autoridade estatal".
Resolução ResDH(2002)99 relativa ao acórdão do Tribunal Europeu dos Direitos do Homem de 17 de Dezembro de 1996 no processo Ahmed contra a Áustria, adoptada pelo Comité de Ministros em 7 de Outubro de 2002 na 810ª reunião dos Delegados dos Ministros;

[37] Andrew Clapham *Human Rights Obligations of Non-State Actors*, Academy Of European Law, European University Institute, Oxford University Press, USA, The collected courses of the Academy of European Law. XV/1 2006, p. 380;

[38] Convenção contra a Tortura ou outro Tratamento Cruel, Desumano ou Degradante (10 de Dezembro de 1984) 1465 UNTS 113;

violações graves dos direitos humanos no país em questão. Como um escritor salientou, qualquer Estado que devolva refugiados a um Estado onde a tortura esteja a ser praticada tornar-se-ia cúmplice do crime de tortura. [39].

Arte. 4 da Convenção proíbe a servidão e a escravatura. A escravidão é um crime contra a humanidade, tal como o ICTY o encontrou e pode ser cometido por actores não estatais.[40] O ICTY também enfatizou os factores a serem considerados ao determinar se a escravatura teve lugar: "controlo do movimento de alguém, controlo do ambiente físico, controlo psicológico, medidas tomadas para prevenir ou impedir a fuga, força, ameaça de força ou coerção, duração, afirmação de exclusividade, sujeição a tratamento cruel e abuso, controlo da sexualidade e trabalho forçado". [41]

A CEDH raramente estudou queixas ao abrigo do artigo quatro.[42] Um dos casos é *Siliadin contra França*. O caso dizia respeito a um cidadão togolês que veio para França aos 15 anos de idade e trabalhou como "empregada doméstica não remunerada" para um casal e o seu passaporte foi-lhe retirado. Trabalhava sete dias por semana, sem um dia de folga. O Comité contra a Escravatura Moderna interveio e o casal foi processado e condenado a pagar uma indemnização, inclusive pelo seu trabalho durante três anos. A recorrente queixou-se de que o Estado não cumpriu as suas obrigações positivas ao ter um sistema de direito penal que podia efectivamente prevenir, processar e punir os actores não estatais envolvidos nessa forma de escravatura.[43] O Tribunal declarou que:

---

[39]Jessica Rodger "Defining the parameters of the non-refoulement principle", trabalho de investigação da LLM. Disponível em http://www.refugee.org.nz/JessicaR.htm#19. Última visita, 26 de Maio de 2008;

[40] Em *Procurador contra Kunarac* Câmara de Julgamento do ICTY realizada:

Em resumo, a Câmara de Julgamento considera que, na altura relevante para a acusação, a escravatura como crime contra a humanidade no direito internacional consuetudinário consistia no exercício de qualquer ou todos os poderes ligados ao direito de propriedade sobre uma pessoa. (...) Assim, a Câmara de Julgamento considera que o *actus reus* da violação é o exercício de qualquer ou de todos os poderes inerentes ao direito de propriedade sobre uma pessoa. O *mens rea* da violação consiste no exercício intencional de tais poderes.
Procurador contra Dragoljub Kunarac e outros, processo nº: IT-96-23-T e IT-96-23/1-T, acórdão da Câmara de Julgamento do ICTY 22 de Fevereiro de 2001, par. 539-540. Disponível na Internet no website do ICTY: http://www.un.org/ictv/kunarac/trialc2/judgement/kun-tj010222e.pdf. Última visita, 7 de Maio de 2008;

[41] *Procurador contra Dragoljub Kunarac e outros*, processo nº IT-96-23 e IT-96-23/1-A, acórdão do ICTY Appeals Chambder de 12 de Junho de 2002, par 119. Disponível na Internet no website do ICTY: http://www.un.org/ictv/kunarac/appeal/judgement/kun-aj020612e.pdf. Última visita, 7 de Maio de 2008;

[42] Andrew Clapham *Human Rights Obligations of Non-State Actors*, Academy Of European Law, European University Institute, Oxford University Press, USA, The collected courses of the Academy of European Law. XV/1 2006, p. 381;

[43] O acórdão lê-se no parágrafo 102:
A requerente disse, em conclusão, que as disposições de direito penal em vigor no momento material não lhe tinham proporcionado protecção adequada contra a servidão ou contra o trabalho forçado ou obrigatório nas suas formas contemporâneas, o que era contrário ao artigo 4º da Convenção. Quanto ao facto de o processo penal ter resultado na atribuição de uma indemnização, considerou que tal não podia ser suficiente para absolver o Estado da sua obrigação de estabelecer mecanismos de direito penal que penalizassem efectivamente os culpados de tal conduta e dissuadissem outros. Acórdão *Silidian versus France* de 26 de Julho de 2005, Requerimento n.º 73316/01;

(...) de acordo com as normas e tendências contemporâneas neste domínio, as obrigações positivas dos Estados membros nos termos do artigo 4º da Convenção devem ser consideradas como exigindo a penalização e a perseguição efectiva de qualquer acto que vise manter uma pessoa em tal situação (...). [44]

O Tribunal volta-se também para o direito internacional como a Convenção sobre a Escravatura de 1927 que definia a escravatura como "o estatuto ou condição de uma pessoa sobre a qual são exercidos todos ou alguns dos poderes associados ao direito de propriedade".[45] O Tribunal considerou que as provas não sugerem que ela tenha sido mantida em escravatura num sentido próprio, mas que o casal exerceu sobre ela um verdadeiro direito de propriedade legal, reduzindo-a assim ao estatuto de "objecto". Considerou que ela foi mantida em servidão, o que significa uma obrigação de prestar os seus serviços que é imposta pelo uso da coerção, e isto deve estar ligado ao conceito de "escravatura".[46] O Tribunal considerou uma violação das obrigações positivas do Estado requerido nos termos do artigo 4º da Convenção. Este caso ilustra uma situação em que o Estado tem obrigações positivas de prevenir, processar e punir os actores não estatais que detêm outros em escravatura e servidão.

O processo *Velasquez Rodriguez contra Honduras* apresentado ao Tribunal Interamericano dos Direitos Humanos dizia respeito às obrigações positivas do Estado ao abrigo da Convenção Interamericana dos Direitos do Homem. O Tribunal declarou que o Estado tem a obrigação de "diligência devida" ao abrigo da Convenção. [47]O acto ilegal de actor não estatal é visto como uma violação dos direitos humanos. O Estado é responsável quando não cumpre com as suas obrigações de "diligência devida" nos termos da Convenção. A linguagem do julgamento fala de partes privadas que violam a Convenção.[48] O Tribunal considerou ainda a questão:

(...) o desaparecimento de Manfred Velasquez foi levado a cabo por agentes que agiram sob a cobertura da autoridade pública. No entanto, mesmo que esse facto não tivesse sido provado, o fracasso do aparelho de Estado em agir, o que está claramente provado, é um incumprimento por parte das Honduras dos deveres que assumiu ao abrigo do Artigo 1(1) da Convenção, que o obrigou a garantir a Manfred Velasquez o livre e pleno exercício dos seus

---

[44] Ibid, parágrafo 112;

[45] Ibid, parágrafo 122;

[46] Ibid, par. 124. Além disso, no parágrafo 145 estabeleceu que "(...) o requerente, que foi sujeito a tratamento contrário ao Artigo 4º e mantido em servidão, não pôde ver os responsáveis pelo delito condenados ao abrigo da lei penal".

[47] Processo *Velasquez Rodriguez*, acórdão de 29 de Julho de 1988, Inter-Am.Ct.H.R. (Ser. C) No. 4 (1988), para. 172 lê-se:

(...) qualquer violação dos direitos reconhecidos pela Convenção efectuada por um acto de autoridade pública ou por pessoas que utilizam a sua posição de autoridade é imputável ao Estado. Contudo, isto não define todas as circunstâncias em que um Estado é obrigado a prevenir, investigar e punir violações dos direitos humanos, nem todos os casos em que o Estado possa ser considerado responsável por uma violação desses direitos. Um acto ilegal que viole os direitos humanos e que inicialmente não seja directamente imputável a um Estado (por exemplo, porque é um acto de uma pessoa privada ou porque a pessoa responsável não foi identificada) pode conduzir à responsabilidade internacional do Estado, não por causa do acto em si, mas devido à falta de diligência devida para prevenir a violação ou para lhe dar resposta tal como exigido pela Convenção.

[48] Andrew Clapham *Human Rights Obligations of Non-State Actors*, Academy Of European Law, European University Institute, Oxford University Press, USA, The collected courses of the Academy of European Law. XV/1 2006, p. 426;

direitos humanos. [49]

Outro caso apresentado ao Tribunal e em que estiveram envolvidos intervenientes não estatais foi *The Mayagna (Sumo) Awas Community v Nicaragua*, onde o Tribunal decidiu que o facto de o Estado não delimitar o território pertencente à comunidade indígena dá origem à obrigação de não permitir que terceiros interfiram no usufruto da propriedade situada na área onde se encontra a comunidade. [50]

1.3. Prestação de contas dos actores não estatais.

1.3.1. Indivíduos.

O direito internacional contém responsabilidade criminal individual por certos actos cometidos por indivíduos, independentemente das suas ligações com o Estado: crimes de guerra, genocídio, crimes contra a humanidade, escravatura, tortura e desaparecimentos. O artigo 1º da Convenção sobre a Prevenção e Punição do Crime de Genocídio confirma que "o genocídio, seja cometido em tempo de paz ou em tempo de guerra, é um crime à luz do direito internacional". O artigo 4º estabelece que as pessoas que cometem actos de genocídio serão punidas "quer sejam governantes constitucionalmente responsáveis, quer sejam funcionários públicos ou particulares". As obrigações fundamentais deste tratado tornaram-se obrigações consuetudinárias para todos os Estados, mesmo que este crime tenha sido cometido fora do seu território.[51] genocídio é também "um crime de direito internacional pelo qual os indivíduos devem ser punidos". [52]

Os tribunais de Nuremberga e Tóquio abriram o caminho para o reconhecimento de que os indivíduos, e não apenas os Estados, são responsáveis pela violação da dignidade humana. Constituiu um precedente importante para a aplicação do direito substantivo através dos tribunais internacionais. Em Setembro de 1946, o Tribunal Militar Internacional de Nuremberga proferiu as seguintes palavras:

"Os crimes contra o direito internacional são cometidos por homens, não por entidades abstractas, e só punindo os

---

[49] Ibid, para. 182;

[50] *A Mayagna (Sumo) Awas Tingni Community v. Nicaragua*, acórdão de 31 de Agosto de 2001, Inter-Am. Ct. H.R., (Ser. C) No. 79 (2001), par. 148-149;

[51] Tal como o ICJ declarou no Pedido de Revisão do Acórdão de 11 de Julho de 1996 no processo relativo à *Aplicação da Convenção sobre a Prevenção e Punição do Crime de Genocídio (Bósnia e Herzegovina v. Jugoslávia)*, acórdão de 26 de Fevereiro de 2007, parágrafo 438: "Tendo em conta o que precede, o Tribunal conclui que o Requerido violou a sua obrigação de impedir o genocídio de Srebrenica de forma a assumir a sua responsabilidade internacional". Sentença disponível na página web do ICJ: http://www.icj-cij.org/docket/index.php?p 1 =3&k=f4&case=91 &code=bhy&p3=4. Última visita, 25 de Março de 2008;

[52] Andrew Clapham *Human Rights Obligations of Non-State Actors*, Academy Of European Law, European University Institute, Oxford University Press, USA, The collected courses of the Academy of European Law. XV/1 2006, p. 29;

indivíduos que cometem tais crimes é que as disposições do direito internacional podem ser reforçadas". [53]

O Eixo de Nuremberga e outros processos judiciais estabeleceu a responsabilidade criminal individual por crimes contra a humanidade, crimes contra a paz e crimes de guerra.[54] O princípio da responsabilidade criminal está agora reflectido no direito dos direitos humanos, no direito humanitário e no Estatuto do TPI. Arte. 9 da Carta de Nuremberga estabeleceu a competência do Tribunal para encontrar qualquer organização ou grupo que tenha cometido crimes ao abrigo da Carta.[55] Mas ainda não é claro se os grupos e organizações têm responsabilidade criminal. A Convenção sobre o Genocídio, por exemplo, impõe a responsabilidade de indivíduos, com a possível excepção dos Estados, mas não a organizações políticas ou outras pessoas não naturais. O direito penal reconhece noções de cumplicidade, conspiração, responsabilidade de comando, mas responsabiliza indivíduos que podem não ter servido como os perpetradores imediatos dos crimes.[56] Estatuto do ICTY na arte. 7(1) não limita a culpabilidade aos funcionários governamentais. [57]Consequentemente, cada indivíduo pode ser responsabilizado ao abrigo do direito penal internacional pela prática de genocídio e crimes contra a humanidade. Deve ser tido em conta o facto de que se o indivíduo que cometeu genocídio ou crimes contra a humanidade e o Estado onde tal acontece for parte da Convenção sobre Genocídio ou do Estatuto de Roma, não deve poder alegar inocência perante qualquer mecanismo de responsabilização que não reconheça o seu crime como crime para efeitos de *nullum crimen sine lege* "[ênfase acrescentada]".[58] Como questão geral, o direito internacional responsabiliza os indivíduos por violações graves dos direitos

---

[53] Ibid., p. 331;

[54] Ibid., p.15;

[55] Arte. 9 da Carta de Nuremberga lê-se:

"No julgamento de qualquer membro individual de qualquer grupo ou organização o Tribunal pode declarar (em relação a qualquer acto pelo qual o indivíduo possa ser condenado) que o grupo ou organização de que o indivíduo era membro era uma organização criminosa.

Após a recepção da Acusação, o Tribunal dará a notificação que julgar adequada de que a acusação pretende pedir ao Tribunal que faça tal declaração e qualquer membro da organização terá o direito de requerer ao Tribunal uma licença para ser ouvido pelo Tribunal sobre a questão do carácter criminal da organização. O Tribunal terá poderes para permitir ou rejeitar o pedido. Se o pedido for permitido, o Tribunal poderá indicar de que forma os requerentes serão representados e ouvidos". Disponível em http://www.yale.edu/lawweb/avalon/imt/proc/imtconst.htm . Última visita, 27 de Março de 2008;

[56] Steven R.Ratner, Jason S.Abrams *Accountability for human rights atrocities in international law: Para além do legado de Nuremberga*, 2ª ed. - Oxford : Oxford University Press, 2001, p.16;

[57] O artigo 7(1) do Estatuto de Roma diz:

"A pessoa que planeou, instigou, ordenou, cometeu ou auxiliou de qualquer outra forma no planeamento, preparação ou execução de um crime referido nos artigos 2º a 5º do presente Estatuto, será individualmente responsável pelo crime".

Estatuto do ICTY, arte. 7 (responsabilidade criminal individual). Disponível na Internet em http://www.un.org/icty/legaldoc-e/basic/statut/statute-feb08-e.pdf. Última visita, 27 de Março de 2008;

[58] Estatuto da ICC na arte. 22 (1) declara:

"Uma pessoa não será criminalmente responsável ao abrigo do presente Estatuto a menos que a conduta em questão constitua, no momento em que ocorre, um crime dentro da jurisdição do Tribunal".

humanos, tais como genocídio e crimes contra a humanidade. O genocídio é mais claro e específico enquanto os crimes contra a humanidade cobrem mais actos, tais como homicídio, tortura, escravatura, que constituem também violações do direito dos direitos humanos.

1.3.1.2. Mecanismos de responsabilização

A responsabilidade criminal dos indivíduos por genocídio e crimes contra a humanidade está fora de discussão. Steven S. Ratner e Jason S. Abrams consideram que "responsabilizar os indivíduos pelos seus abusos num sentido significativo, em vez de um sentido meramente teórico, requer a criação e envolvimento de mecanismos específicos concebidos para este fim".[59] O ICCPR, um dos instrumentos-chave dos direitos humanos, não contém obrigações claras de que um Estado deve processar e punir todos aqueles que cometem abusos dos direitos humanos. Tem antes obrigações como "respeitar e assegurar a todos os indivíduos dentro do seu território e sujeitos à sua jurisdição, o direito reconhecido [nele]", de tomar "medidas necessárias" e de proporcionar "um remédio eficaz" para as violações, tal como a Convenção Europeia dos Direitos do Homem declara.[60] Alguns desenvolvimentos no direito internacional mostram que estas disposições, de alguma forma vagas, evoluem para obrigações por parte dos Estados de tomar medidas específicas contra os infractores. Isto significaria que os governos sucessores processariam os responsáveis por violações dos direitos humanos sob regimes anteriores, mas também se refere aos governos que cometeram abusos e permanecem no poder.[61] No entanto, a prática das organizações internacionais e dos Estados de perseguir os infractores dos direitos humanos ao abrigo da ICCPR ou da Convenção Americana dos Direitos do Homem ou mesmo do direito consuetudinário ainda não está estabelecida. [62]Uma determinação formal da responsabilidade individual através de uma sentença judicial ou de uma comissão de investigação pode ser uma sanção em si. Uma pena de prisão será apropriada quando um tribunal criminal condenar o autor por crimes contra a humanidade e/ou genocídio. A luxúria, a desqualificação do cargo público era uma prática comum na maioria dos países pós-comunistas da Europa de Leste. No entanto, a lustração levantou alguns problemas de direitos humanos. [63]Abaixo examinaremos alguns mecanismos que permitem responsabilizar indivíduos por graves violações do direito internacional.

---

[59] Steven S. Ratner, Jason S. Abrams *Accountability for human rights atrocities in international law: beyond Nuremberg legacy,* 2nd edition, Oxford: Oxford University Press, 2001, p. 151;

[60] ICCPR, arte. 2(1)-(3), 9(5); TEDH, art. 1, art. 13;

[61] Supra 62, p. 152;

[62] Alguns estados como o Uruguai, Chile, Argentina, Nicarágua, Togo e outros aprovaram leis de amnistia que regem abusos do passado ou honraram amnistias de governos passados. Outros países optaram por não processar sob a sua jurisdição nacional. Há alguns desenvolvimentos como as comissões de investigação estabelecidas por muitos países da América do Sul, Europa Oriental e África do Sul, mas ainda não ganharam muito terreno.
Steven S. Ratner , Jason S. Abrams *Accountability for human rights atrocities in international law: beyond Nuremberg legacy,* 2nd edition, Oxford: Oxford University Press, 2001, p. 153;

[63] Ibid, p. 159;

1. Tribunais nacionais. A sua jurisdição é regida pelo direito interno e pelos princípios do direito internacional.[64] Ratner e Abrams consideram que o direito internacional reconhece cinco bases para a jurisdição. Primeiro é o princípio territorial que reconhece o direito do Estado a aplicar a sua lei sobre actos cometidos dentro das suas fronteiras. Segundo é o princípio da nacionalidade que se aplica quando um Estado exerce jurisdição sobre um delinquente que é um dos seus nacionais, independentemente do local da conduta. Terceiro é o princípio de protecção, quando a jurisdição é exercida onde a conduta extraterritorial teria um efeito potencialmente prejudicial para interesses importantes do Estado. Em primeiro lugar, o princípio da personalidade passiva que se aplica quando a vítima de uma infracção é nacional do Estado que procura exercer jurisdição e o último princípio que tem uma importância especial para violações graves dos direitos humanos é o princípio da universalidade que permite a um Estado exercer jurisdição sobre os autores de algumas infracções consideradas particularmente graves, independentemente de qualquer nexo que o Estado possa ter com a infracção, o infractor ou a vítima.[65] Estas infracções incluem também o genocídio e os crimes contra a humanidade. Na ausência de um tratado, o direito consuetudinário considera a jurisdição universal geralmente permissiva, não obrigatória, mas poderia desenvolver-se no sentido de exigir que um Estado prescreva lei em relação a determinados crimes e aplicá-la sempre que um infractor se encontre no seu território.[66]

Muitos acordos internacionais, especialmente os concluídos mais recentemente, impõem aos Estados a obrigação de extraditar ou processar os infractores - *aut dedere aut judiciare* "[ênfase acrescentada]".[67] A Convenção sobre o Genocídio, no seu artigo 6: "As pessoas acusadas de genocídio ou de qualquer outro acto enumerado no artigo III serão julgadas por um tribunal competente do Estado em cujo território o acto foi cometido, ou por um tribunal penal internacional que possa ter jurisdição em relação às Partes Contratantes que tenham aceite a sua jurisdição". Encoraja a criação de um tribunal internacional com jurisdição sobre o genocídio, mas a maioria dos Estados membros prevê que os tribunais nacionais serão as primeiras instâncias a ter competência sobre este crime. O artigo 6° exige que as partes punam os actos de genocídio cometidos no seu território, mas não contém disposições sobre direitos e obrigações em caso de jurisdição extraterritorial. Para além da Convenção, Ratner e Abrams são de opinião que o genocídio tem jurisdição universal ao abrigo do direito consuetudinário e o mesmo é válido para os crimes contra a humanidade.[68] A doutrina da jurisdição

---

[64] Ibid, p. 161;

[65] Ibid;

[66] Ibid, p. 162;

[67] Para extraditar ou para punir. Significa que se o Estado requerido se recusar a extraditar a pessoa procurada, o Estado requerido deverá tentar e punir a referida pessoa de acordo com a sua lei nacional;

[68] Steven S. Ratner , Jason S. Abrams *Accountability for human rights atrocities in international law: beyond Nuremberg legacy,* 2nd edition, Oxford: Oxford University Press, 2001, p. 164;

universal permite aos tribunais nacionais julgar os casos dos crimes mais graves contra a humanidade, mesmo que estes crimes não sejam cometidos em território nacional e mesmo que sejam cometidos por líderes governamentais de outros Estados. Este conceito não é novo e começou a mudar com o caso do ditador chileno Augusto Pinochet no final dos anos 90. Trazido por um magistrado em Espanha e envolvendo um pedido de extradição para o Reino Unido, este caso nunca chegou a ser julgado, mas teve um impacto jurídico muito amplo. A Amnistia Internacional declarou a respeito deste caso que "os crimes contra a humanidade cometidos no Chile desde 1973 estão sujeitos à jurisdição universal. [69]A Bélgica tem actualmente as mais amplas leis de jurisdição universal e os casos estão a testar novas possibilidades para a doutrina. [70]

Se um Estado não incorporar o direito internacional sobre crimes contra a humanidade no direito penal interno, isto não é uma desculpa da responsabilidade internacional por não prosseguir as investigações judiciais. O Pacto Internacional sobre os Direitos Civis e Políticos (Artigo 15(2)) [71], e a Convenção do Conselho da Europa para a Protecção dos Direitos Humanos e Liberdades Fundamentais (Artigo 7(2)) [72]estabelecem que uma pessoa acusada de cometer crimes contra a humanidade pode ser processada de acordo com os princípios estabelecidos e reconhecidos pelo direito internacional. [73]O Comité das Nações Unidas contra a Tortura era de opinião que, relativamente à tortura, esta obrigação existe independentemente de um Estado ter ratificado a Convenção das Nações Unidas contra a Tortura, porque existe "uma regra geral de direito internacional que deveria obrigar todos os Estados a tomar medidas eficazes para prevenir a tortura e a punir actos de tortura" e recorda os princípios do julgamento de Nuremberga e da Declaração Universal dos Direitos do Homem. A [74]Comissão de Direito Internacional das Nações Unidas foi também de opinião que "o direito internacional pode impor deveres aos indivíduos directamente, sem qualquer interposição do direito interno". [75]

---

[69] "Jurisdição Universal e Ausência de Imunidade para Crimes Contra a Humanidade", Amnistia Internacional de 1 de Janeiro de 1999. Disponível em http://www.globalpolicy.org/intljustice/universal/0199pinochet.htm. Última visita, 26 de Maio de 2008;

[70] FormoredetailsseeGlobalPolicyForumwebpage   : http://www.globalpolicy.org/intljustice/universal/univindex.htm. Última visita, 26 de Maio de 2008;

[71] ICCPR, art. 15(2): ". Nada neste artigo prejudicará o julgamento e punição de qualquer pessoa por qualquer acto ou omissão que, no momento em que foi cometido, fosse criminoso de acordo com os princípios gerais do direito reconhecidos pela comunidade das nações";

[72] Convenção Europeia dos Direitos do Homem, art. 7 (2): "Este artigo não prejudica o julgamento e punição de qualquer pessoa por qualquer acto ou omissão que, no momento em que foi cometido, tenha sido criminoso de acordo com os princípios gerais do direito reconhecidos pelas nações civilizadas";

[73] Supra, 72;

[74] Comité das Nações Unidas contra a Tortura, decisão de 23 de Novembro de 1989, Comunicações nºs 1/1988, 2/1988 e 3/1988, Argentina, decisões de Novembro de 1989, par. 7.2;

[75] Relatório da Comissão de Direito Internacional sobre os trabalhos da sua quarenta e oitoª sessão, 6 de Maio - 26 de Julho de 1996, Doc. da ONU. A/51/10, p. 18); U.S. v. Montgomery, (11ª Cir., 27 de Setembro de 1985) ("O Direito Internacional como tal vincula todos os cidadãos"), citado em 80 Am. J. Int'l L. (1986), p. 346);

Relativamente a casos precedentes de acusação de genocídio, Ratner e Abrams mencionam o caso *Eichmann* em Israel nos anos 60 e alguns outros poucos casos de acusação que tiveram lugar na Argentina, Ruanda, Croácia. Na Guiné Equatorial, o governo julgou e executou um antigo ditador por genocídio e outros crimes, em Israel a acusação de Eichmann não invocou a Convenção sobre o Genocídio, porque os seus actos genocidas eram abrangidos pela lei israelita sobre crimes contra o povo judeu. Os autores consideram que o carácter altamente politizado destas acusações faz deles maus precedentes para o exame da acusação de indivíduos por genocídio e crimes contra a humanidade ao abrigo dos tribunais nacionais. [76]

2. Tribunais penais internacionais. Existem dois fundamentos jurídicos nos quais podem ser apresentadas alegações de genocídio ou de crimes contra a humanidade: alegações do Estado X de que o Estado Y cometeu genocídio contra os nacionais do Estado X ou do Estado Y, ou alegações de que indivíduos cometeram genocídio. O primeiro envolve acções intentadas pelos Estados no Tribunal Internacional de Justiça em Haia. O último pode envolver acções penais perante o Tribunal Penal Internacional para a ex-Jugoslávia (ICTY) ou o Tribunal Penal Internacional para o Ruanda (ICTR), perante os tribunais nacionais (como no caso da Bélgica relativo a quatro indivíduos condenados por terem cometido genocídio no Ruanda) ou perante o Tribunal Penal Internacional (ICC). [77]Em muitos casos, os Estados não processaram os infractores por genocídio e crimes contra a humanidade perante os seus tribunais nacionais. A criação de tribunais penais internacionais, mesmo de natureza ad hoc, tem sido uma solução para fazer justiça às vítimas destes graves abusos contra o direito internacional dos direitos humanos. Um tribunal internacional permanente só surgiu em 1998, quando foi assinado o Estatuto de Roma do Tribunal Penal Internacional.

Para além dos tribunais, existem também o Tribunal Internacional de Justiça, o Tribunal Interamericano de Direitos Humanos, o Tribunal Europeu dos Direitos Humanos e o Tribunal Africano dos Direitos Humanos que podem aceitar casos relacionados com os direitos humanos e o direito penal internacional. Não determinam a responsabilização individual por genocídio e crimes contra a humanidade no sentido tradicional e não podem processar os infractores. Mas as suas decisões podem pressionar os governos a cumprirem as obrigações internacionais. [81] [Há] algumas desvantagens do seu trabalho, como a duração do tempo para examinar as queixas, também não há garantias de que os Estados cumpram as suas decisões (como o Irão em 1979-81 durante a crise dos reféns e os EUA durante o conflito na Nicarágua). [82] O trabalho destes tribunais pode ser adicionado aos outros mecanismos de responsabilização individual por violações dos direitos

---

[76]Steven S. Ratner , Jason S. Abrams *Accountability for human rights atrocities in international law: beyond Nuremberg legacy,* [2nd] edition, Oxford: Oxford University Press, 2001, p. 168;
[77] William A. Schabas. *Genocídio em Direito Internacional.* Cambridge: Imprensa da Universidade de Cambridge, 2000. Revisto por Daryl A. Mundis, Legal Officer, Gabinete do Procurador, Tribunal Penal Internacional para a ex-Jugoslávia. Disponível em http://www.h-net.org/reviews/showpdf.cgi?path=54421011804084. Lst visitou o Lst em 26 de Maio de 2008;

humanos.

3. Opções não prosecutoriais: comissões de investigação, processos civis e medidas de imigração.
Muitos países que passaram por atrocidades contra os direitos humanos criaram *comissões de investigação*
"[ênfase acrescentada]", frequentemente chamadas comissões de verdade. Priscilla Hayner identificou quatro
critérios que caracterizam uma comissão:

- Centra-se no passado;

- Não se concentra em nenhum evento específico, "mas tenta pintar o quadro geral de certas violações dos
direitos humanos, ou violações do direito humanitário internacional, ao longo de um período de tempo"".

- Existe temporariamente e "por um período de tempo pré-definido, deixando de existir com a apresentação
do relatório com as suas conclusões";

- Ganha alguma autoridade através do seu patrocinador que lhe permite ter um maior acesso à informação e
um maior impacto com o seu relatório. [83]

As comissões da verdade devem ser distinguidas da responsabilidade legal formal através da acusação dos
indivíduos responsáveis por abusos. O estudo de Priscilla Hayne mostra que os processos judiciais muito
raramente têm lugar após a emissão de relatórios de "comissões da verdade". [84] Estas comissões são uma
forma relativamente jovem de prestação de contas. As mais conhecidas são as comissões de verdade

[81] Steven S. Ratner , Jason S. Abrams *Accountability for human rights atrocities in international law: beyond
Nuremberg legacy,* [2nd] edition, Oxford: Oxford University Press, 2001, p. 226;

[82] Ibid;

[83] Priscilla Hayner, "Quinze Comissões da Verdade - 1974 a 1994: A Comparative Study", 16 Hum. Rts. Q., 1994, p.
604. Disponível em Heinonline. Última visita, 23 de Abril de

[84] Ibid;

estabelecidas na Argentina, Chile, África do Sul. De particular interesse são as Nações Unidas

Comissões de inquérito sobre massacres no Burundi em 1993 e em Timor Leste em 1999.[78] As comissões da
verdade podem abordar os abusos de governos anteriores, mas muitas também investigaram violações
cometidas por grupos rebeldes (Guatemala e África do Sul). Uma comissão enquanto tal pode impor a
condenação moral e preparar o terreno para outras sanções e pode fazer respeitar os direitos humanos a nível
nacional, mas não é um substituto para o julgamento criminal. As comissões da verdade podem contribuir

[78] S. Ratner , Jason S. Abrams *Accountability for human rights atrocities in international law: beyond Nuremberg legacy,* [2nd]
edition, Oxford: Oxford University Press, 2001, p. 229;

com as recomendações específicas para a reforma. Pode também reduzir a probabilidade de futuros abusos. [79]

A *reparação civil* "[ênfase acrescentada]" para as vítimas de violações dos direitos humanos é oferecida pelos sistemas jurídicos de alguns países. Um dos exemplos relevantes é a US Alien Tort Claims Act. Ela prevê que "[os] tribunais distritais terão jurisdição original de qualquer acção civil por um estrangeiro apenas por um delito civil, cometido em violação da lei das nações ou de um tratado dos Estados Unidos". [80]A ATCA fornece aos tribunais federais a jurisdição sobre o assunto se três condições forem preenchidas: (1) o queixoso é um estrangeiro, (2) o réu é responsável por um delito e, (3) o delito viola a lei das nações ou um tratado de que os EUA sejam parte. [81]Relativamente aos arguidos, a maioria dos processos foram instaurados contra indivíduos, Ao mesmo tempo, o tribunal também reconhece que os actores não estatais podem violar os direitos humanos e deram origem a um processo *Kadic* no âmbito da ATCA. O caso tratava de genocídio e crimes de guerra cometidos por actores privados. [82] As vítimas também processam empresas sob a ATCA, alegando cumplicidade em abusos dos direitos humanos. [83]Os danos compensatórios e punitivos estão disponíveis para os queixosos que ganham um caso ao abrigo da ATCA.[84] As acções civis não atingem o mesmo grau de responsabilização que os julgamentos criminais, mas oferecem a possibilidade de procurar justiça. A ATCA parece ser única deste ponto de vista.

Alguns dos violadores dos direitos humanos também podem escapar à justiça se se mudarem para outros países. Foi o caso de alguns nazis que procuraram uma vida calma noutros países, alguns autores de genocídio no Ruanda que procuraram esconder-se noutros países africanos, na Europa ou nos EUA. Nesses casos, a lei de imigração do seu país pode permitir *medidas de imigração* "[ênfase acrescentada]" como a desnaturalização e a deportação. [85]Nos Estados Unidos, a desnaturalização significa a privação da cidadania dos EUA e coloca o indivíduo sob a ameaça de deportação. A lei permite a desnaturalização: (1) onde foi "obtida ilegalmente", ou (2) onde foi "obtida por ocultação de um facto material ou por deturpação deliberada". [86]Trata-se de um processo mais civil e não lhe são aplicáveis limites temporais, pode ser

---

[79] Priscilla Hayner, "Quinze Comissões da Verdade - 1974 a 1994: A Comparative Study", 16 Hum. Rts. Q., 1994, p. 609. Disponível em Heinonline. Última visita, 23 de Abril de 2008;

[80] 28 U.S.C.para. 1350 (1994);

[81] S. Ratner , Jason S. Abrams *Accountability for human rights atrocities in international law: beyond Nuremberg legacy,* [2nd] edition, Oxford: Oxford University Press, 2001, p. 241;

[82] Ibid,p. 244;

[83] Ver *Doe versus Unocal Corp.*, 110 F.Supp.2d 1294 (C.D.Cal. 2000.), sentença sumária para arguido. Disponível na base de dados Westlaw. Última visita, 23 de Abril de 2008;

[84] [91] S. Ratner , Jason S. Abrams *Accountability for human rights atrocities in international law: beyond Nuremberg legacy,* [2nd] edition, Oxford: Oxford University Press, 2001, p. 247;

[85] Ibid, p. 248;

[86] 8 U.S.C.§ 1451 (a), 1994;

interposto em qualquer altura. [87]

A deportação é um meio pelo qual um Estado remove um indivíduo indesejável do seu território. A lei dos EUA permite apenas a deportação de estrangeiros e de infractores dos direitos humanos que possam ser incluídos nesta categoria.[88]As medidas de imigração devem ser cuidadosamente planeadas e executadas. Deve ser notada a experiência do Canadá na identificação e desnaturalização de antigos nazis e de violadores dos direitos humanos contemporâneos. O programa canadiano de crimes de guerra teve início em 1995. [89]

1.3.2. Grupos armados.

Não há muito tempo atrás, o genocídio e os crimes contra a humanidade cometidos por grupos armados não estatais eram vistos como violência criminosa abrangida pela jurisdição nacional do Estado. Hoje esta concepção está a mudar e a definição de violações dos direitos humanos foi consideravelmente alargada para incluir Estados e grupos armados não-estatais. [90]Mesmo assim, o problema da responsabilização dos actores não-estatais está longe de estar resolvido. É mais fácil responsabilizar os Estados, porque os grupos armados não têm um estatuto político formal, não estão sob a mesma pressão política que os governos.[91] Muitos grupos armados lutam pelo reconhecimento político e qualquer contacto com eles pode ser visto como diplomaticamente controverso. Outro problema é que raramente são aplicadas sanções a grupos armados, porque não podem estar sob a mesma pressão financeira que os governos. Muitos grupos armados também não têm interesse em tornar-se um Estado.

A definição de grupos armados é bastante difícil. Por "grupos armados" nesta tese serão entendidos *grupos que estão armados, usam a força para atingir os seus objectivos e não são controlados pelo Estado* "[ênfase acrescentada]". Os grupos armados têm formas diferentes, mas normalmente actuam em oposição ao estado

---

[87] S. Ratner , Jason S. Abrams *Accountability for human rights atrocities in international law: beyond Nuremberg legacy,* [2nd] edition, Oxford: Oxford University Press, 2001, p. 249;

[88] 8 U.S.C.§ 1227 (a)1(A) fornece: "Qualquer estrangeiro que no momento da entrada ou ajustamento do estatuto se encontre dentro de uma ou mais classes de estrangeiros inadmissíveis pela lei existente nesse momento, é deportável". As sanções de imigração são uma oportunidade de fazer justiça aos responsáveis por violações dos direitos humanos. Mas a questão que se levanta é para onde enviar o perpetrador após a deportação. O melhor resultado seria mandá-lo de volta para o país onde cometeu abusos, mas pode acontecer que seja transferido para um novo país onde continue a gozar de uma vida segura.

[89] O 9º relatório anual do programa de crimes de guerra do Canadá está disponível na página web do Departamento de Justiça do Canadá: http://www.cbsa.gc.ca/security-securite/wc-cg/wc-cg2006-eng.html. Última visita, 23 de Abril de 2008;

[90] Pablo Policzer "Direitos Humanos e Grupos Armados: Toward a New Policy Architecture", Julho de 2002, p. 2. Disponível em http://www.armedgroups.org/the-armed-groups-project/working-papers. Última visita em Abril, 4 de Abril de 2008;

[91] Ibid, p.3;

ou governo existente. Por vezes querem alcançar a autonomia para uma parte do território ou derrubar o governo. Nem todos os grupos armados actuam em clara oposição ao Estado. Por exemplo, na Somália, antes da colonização do Governo Federal de Transição[9293], diferentes grupos armados lutavam entre si por recursos e território. Na República Democrática do Congo, pelo menos três grupos diferentes e também exércitos estrangeiros lutaram com as forças governamentais e uns com os outros. O que é comum a todos estes grupos é que eles têm um objectivo político. Esta é a diferença entre eles e outros grupos armados que pilham, mas não têm um objectivo político claro ou de organizações criminosas como a Máfia. Mas há lugar para confusão mesmo aqui, porque alguns grupos armados com objectivos políticos claros assemelham-se a organizações criminosas nos seus 100
comportamento.

Os grupos armados têm diferentes formas, diferentes ideologias, estruturas, líderes. Nenhuma lista reflectirá totalmente a sua variedade. Há poucos aspectos que devem ser esclarecidos relativamente aos grupos armados. Um está relacionado com o "estado autónomo" não reconhecido criado por alguns grupos armados no território por eles controlado. Alguns exemplos são os Talibans no Afeganistão antes de 2001, a [94]autoridade curda no norte do Iraque e os grupos que controlavam o norte da Somalilândia na Somália. A questão é saber se devem ser tratados como "governos" ou como "grupos armados". Factores como a extensão da sua autoridade *de facto*, natureza, estabilidade e autoridade das instituições governantes (têm forças policiais, tribunais, administração civil?) por eles estabelecidas devem ser tidos em consideração. Também a dimensão do território por eles controlado não deve ser negligenciada. Infelizmente, em algumas situações, estes critérios são mais teóricos. [95]

O ICTY investiga também crimes contra a humanidade alegados pelo Exército de Libertação do Kosovo

---

[92] O Governo Federal Transitório é o actual governo da Somália reconhecido internacionalmente;

[93]Neste contexto, o Comité Internacional da Cruz Vermelha forneceu a seguinte definição de grupos armados:

Entre os grupos armados, a distinção entre acção politicamente motivada e crime organizado está a desvanecer-se. Com demasiada frequência, os objectivos políticos não são claros, se não subsidiários, dos crimes perpetrados enquanto se faz a luta... Estaremos a lidar com um exército de libertação que recorre a actos terroristas, ou com um círculo criminoso que tenta dar-se credibilidade política a si próprio? Estaremos a lidar com uma milícia de autodefesa orientada para o clã e que depende fortemente de financiamento criminoso, ou com um bando mafioso cujo círculo eleitoral está fortemente entrelaçado com comunidades étnicas?

International Council on Human Rights Policy report "Ends & means: human rights approaches to armed groups", p.6, disponível na Internet em http://www.reliefweb.int/library/documents/2001/EndsandMeans.pdf. Última visita em 27 de Março de 2008;

[94] O regime talibã caiu em finais de 2001;

[95]International Council on Human Rights Policy report "Ends & means: human rights approaches to armed groups", p.7, disponível na Internet em http://www.reliefweb.int/library/documents/2001/EndsandMeans.pdf. Última visita em 27 de Março de 2008;

(UCK) durante a luta contra as forças sérvias em 1998, mas cometidos por indivíduos, porque o ICTY "não pode indiciar organizações".[96] Existem problemas na aplicação de tratados de direitos humanos a grupos armados, mas os seus membros ainda podem ser responsabilizados, ao abrigo do direito internacional, por genocídio e crimes contra a humanidade.

Em 2000, a Comissão dos Direitos Humanos da ONU aprovou um novo protocolo à Convenção sobre os Direitos da Criança que elevou a idade em que os governos podem permitir que os soldados participem num conflito de 15 para 18 anos. A proibição de utilizar e recrutar crianças no protocolo aplica-se também a grupos armados, que não foram incluídos na convenção original.

1.3.2.1. Rebeldes, insurrectos e beligerantes.

O direito internacional considera originalmente os rebeldes como tendo obrigações e direitos internacionais desde o momento em que se tornaram insurgentes.[97] Para que os insurgentes sejam considerados como tendo direitos e obrigações é necessário que os Estados os reconheçam como tal. Antonio Cassese considera que para terem direitos e obrigações os insurrectos têm de satisfazer algumas condições: (1) os rebeldes devem provar que têm controlo efectivo sobre alguma parte do território, e (2) a agitação civil deve atingir um certo grau de intensidade e duração (pode não consistir simplesmente em motins, ou actos de violência esporádicos e de curta duração). Os Estados (tanto aqueles contra os quais a comoção civil eclode

---

[96] *Limaj, Bala e Musliu Face Justice*, Koha Ditor, 15 de Novembro de 2004, p. 11. Comunicado de imprensa disponível no website do ICTY: http://www.un.org/icty/cases-e/index-e.htm. Última visita, 23 de Abril de 2008;
[97] Andrew Clapham *Human Rights Obligations of Non-State Actors*, Academy Of European Law, European University Institute, Oxford University Press, USA, The collected courses of the Academy of European Law. XV/1 2006, p. 271;

e outras partes) devem avaliar - mediante a concessão ou recusa, se apenas implicitamente, *do reconhecimento da insurreição* "[ênfase acrescentada]" - se estes requisitos foram cumpridos. [105]

Os insurgentes reconhecidos pelo Estado contra os quais lutam não só como insurgentes, mas também como *beligerantes* "[ênfase acrescentada]" são assimilados a um actor estatal com todos os direitos e obrigações decorrentes do direito humanitário. [106] Andrew Clapham considera que faz hoje mais sentido considerar os rebeldes (insurgentes não reconhecidos) como "endereços de obrigações internacionais ao abrigo do direito humanitário internacional contemporâneo [...]"[107] especialmente as obrigações no art.3 de todas as Convenções de Genebra de 1949, Protocolo II das Convenções de Genebra (1977), e na arte. 19 da Convenção de Haia sobre Bens Culturais (1954). O direito internacional impõe obrigações a certas partes num conflito armado interno, mesmo que estas não sejam reconhecidas pelo Estado contra o qual lutam ou por qualquer Estado terceiro. [108] Mas muitas vezes os governos não querem admitir isso, porque pode significar que perderam algum controlo e pode dar um certo estatuto aos rebeldes, mas é melhor chamar-lhe luta contra os criminosos e terroristas. A aplicação das disposições do conflito armado não depende se o governo aceitou ou não que o limiar de aplicabilidade do direito humanitário internacional tenha sido atingido.

Há casos em que foram celebrados acordos escritos durante e após conflitos armados entre Estados e rebeldes. Estes acordos estão centrados, em menor grau, no reconhecimento; destinam-se a criar confiança e proteger indivíduos de atrocidades como o genocídio e crimes contra a humanidade. [109 Há] também algumas resoluções do Conselho de Segurança da ONU que apelam aos actores não estatais para que respeitem o direito internacional. Uma delas apela a todos os interessados, incluindo o Governo e a Autoproclamada Junta Militar da Guiné-Bissau, a respeitarem rigorosamente

[105] Antonio Cassese *International Law*, Oxford: Oxford University Press, 2ª edição, 2005, p. 125;
[106]Supra 104, p. 272;
[107] Ibid..;
[108] Ibid..;
[109] Por exemplo, o preâmbulo do Acordo de San José sobre os Direitos Humanos entre El Salvador e a Frente Farabundo Marti para la Liberacion Nacional (FMLN) declarou o seguinte: "*Tendo presente* "[ênfase acrescentada]" que a Frente Farabundo Marti para la Liberacion Nacional tem a capacidade e a vontade e assume o compromisso de respeitar o atributo inerente da pessoa humana". O acordo foi também assinado pelo representante do Secretário-Geral da ONU, Álvaro de Soto, e foi acordado que a ONU irá acompanhar a situação. Isto pode constituir um acordo regido pelo direito internacional entre uma entidade reconhecida como tendo estatuto internacional para adquirir direitos e obrigações ao abrigo do direito internacional.
Disponível na Internet no site da Campanha Internacional para a Proibição das Minas Terrestres: http://www.icbl.org/wg/nsa/library/nsadeclarations.html#anchor490131 . Última visita, 10 de Abril de 2008;

disposições relevantes do direito internacional, incluindo o direito humanitário e dos direitos humanos.[98] O CS da ONU reconhece o actor não estatal como beligerante ou cria obrigações legais para as facções.

1.3.2.2. Grupos paramilitares.

Um aspecto problemático é a classificação das forças paramilitares que operam num aparente apoio ao governo. Se o governo reconhece o seu controlo sobre elas, é o governo que deve ser responsabilizado pelas suas acções. Mas há situações frequentes em que os governos negam o seu controlo sobre as mesmas. Em alguns conflitos, tais forças têm sido responsáveis por algumas das piores violações dos direitos humanos. Como exemplo podem ser as Autodefensas Unidas de Colombia (Forças Unidas de Autodefesa da Colômbia) que procuraram consolidar grupos paramilitares locais e regionais para combater os insurgentes nas suas áreas. Originalmente, foram criados pelo Estado como grupos de autodefesa que trabalhavam de perto com os militares.[99] Mais tarde, estiveram envolvidos numa série de violações dos direitos humanos. [100]Agora são

[98] O parágrafo 5 diz o seguinte:
"Apela a todos os interessados, incluindo o Governo e a Autoproclamada Junta Militar, para que respeitem estritamente as disposições relevantes do direito internacional, incluindo o direito humanitário e os direitos humanos, e assegurem o acesso seguro e desimpedido das organizações humanitárias internacionais às pessoas que necessitam de assistência em resultado do conflito".
A resolução está disponível na Internet em http://www. securitycouncilreport. org/atf/cf/%7B65BF_CF_9B-6D27-4E9C-8CD3-CF6E4FF96FF9%7D/GB%20SRes 1216.pdf. Última visita a 7 de Abril de 2008;
[99] Conselho Internacional sobre Política de Direitos Humanos: "Ends & means: human rights approaches to armed groups", p. 22, disponível na Internet em http://www.reliefweb.int/library/documents/2001/EndsandMeans.pdf . Última visita em 27 de Março de 2008;
[100] Um relatório elaborado em Fevereiro de 2005 pelo ACNUDH declarou que durante 2004 "a CUA foi responsável por 342 casos de violações da cessação das hostilidades. Estes incluem a presumível reincorporação de pessoas desmobilizadas nas suas fileiras, massacres, deslocações forçadas, homicídios selectivos e sistemáticos, raptos, violações, desaparecimentos, ameaças, intimidação e pilhagens. Estas acções tiveram lugar em 11 departamentos e tiveram como alvo a população civil, em muitos casos comunidades indígenas".

ilegais, mas as provas das suas ligações com o Estado levam muitos a concluir que devem ser tratados como forças do Estado de facto.

Também não é fácil distinguir uma força paramilitar que recebe apoio do Estado de um grupo armado autónomo. Por exemplo, na Irlanda do Norte, grupos armados Loyalist cometeram ataques à comunidade católica em oposição ao Exército Republicano Irlandês (IRA) e não atacaram as forças estatais. Os grupos armados lealistas não estão sob o controlo do Estado e muitas organizações de direitos humanos tratam-nos como forças autónomas.[101] Não existe uma abordagem clara relativamente à responsabilização dos grupos paramilitares. Um ponto de vista é onde está a evidência de que o governo controla estes grupos, do que o governo deveria ser responsável pelas suas acções. Outro ponto de vista é que estes grupos paramilitares podem ser independentes; eles podem exercer autonomia sobre algum território, mesmo continuando a agir em apoio ao governo. Outros exemplos são Kamajors na Serra Leoa e os chamados "Ninjas" no Congo (Brazzaville).

A situação torna-se mais difícil de avaliar quando tais grupos paramilitares se voltam contra o governo, por exemplo, se o governo muda. Os autores do relatório "Ends & means: human rights approaches to armed groups" consideram que existem boas razões para continuar a responsabilizar os Estados pelas acções dos grupos paramilitares. Existem situações em que estes grupos são criados para desviar a atenção do Estado que está envolvido na prática de graves violações dos direitos humanos. Mas abordar apenas o governo numa situação em que o grau de controlo destes grupos não é claro e eles têm autonomia, pode não ser eficaz. Para além da questão do controlo global e eficaz pode ser a questão das abordagens directas aos grupos armados. Outra questão está relacionada com o controlo estatal. Quando dizemos "não sob controlo estatal" referimo-nos ao controlo pelo estado em que estão a lutar, mas nem sempre é esse o caso. Há muitos grupos armados que são patrocinados por governos ou corporações estrangeiras e que exercem diferentes graus de controlo sobre eles. [102]

Relatório do Alto Comissário para os Direitos Humanos sobre a situação dos direitos humanos na Colômbia E/CN.4/2005/10, 28 de Fevereiro de 2005, p.9. Disponível em http://www.hchr.org.co/documentoseinformes/informes/altocomisionado/Informe2004 eng.pdf. Última visita, 28 de Março de 2008;

[101]Supra 111, p.7;

[102]Por exemplo, a AUC admitiu em Março de 2007 que foi paga pela empresa internacional de fruta Chiquita de 1997 a 2004 com um montante de $1,7 milhões para proteger os seus trabalhadores e operações. Cerca de 825.000 dólares vieram depois de a AUC ter sido designada Organização Terrorista Estrangeira pelo Departamento de Estado dos EUA em 2001. Mais informações disponíveis na Internet na página web da Wikipedia: http://en.wikipedia.org/wiki/United Forças de Auto-Defesa da Colômbia Última visita, 28 de Março de 2008;

No contexto da responsabilização dos grupos armados pelo genocídio e crimes contra a humanidade, a responsabilidade dos grupos paramilitares continua a ser um dos temas mais difíceis.

1.3.2.3. Movimentos de Libertação Nacional.

Os Movimentos de Libertação Nacional (NLM), em alguns casos, dificilmente podem ser classificados como actores não estatais, devido ao seu desejo de enfatizar as aspirações de se tornarem um Estado e também podem alcançar uma filiação em algumas organizações intergovernamentais. Andrew Clapham considera que a diferença entre NLM e rebeldes, beligerantes e insurgentes é que a NLM pode reivindicar direitos e estar sujeita a obrigações internacionais, mesmo que não controlem o território. [103]O artigo 1(4) do Protocolo de Ist 1977 das Convenções de Genebra classifica três tipos de guerra de libertação nacional como conflito armado internacional e aplicam-se respectivamente as disposições do direito humanitário: conflitos armados em que os povos lutam contra o domínio colonial e a ocupação alienígena e contra regimes racistas no exercício do seu direito de autodeterminação.[104] O Artigo 96(3) do Protocolo I contém disposições relativas à autoridade que representa as pessoas que lutam contra o partido colonial, estrangeiro ou racista pode aplicar as Convenções e o Protocolo de Genebra, fazendo uma declaração ao depositário. Uma autoridade de libertação pode também fazer uma declaração ao abrigo da Convenção sobre Proibições ou Restrições ao Uso de Certas Armas Convencionais que possam ser consideradas excessivamente lesivas ou que possam ter efeitos indiscriminados. [105]Também porá em vigor as Convenções de Genebra. [106]

Um problema que surgiu neste contexto é que nenhum governo reconhecerá que é racista, estrangeiro ou colonial. Os juízes israelitas e sul-africanos não quiseram ouvir quaisquer argumentos de que os movimentos de libertação têm alguns privilégios ao abrigo do direito internacional.[107] Mas o artigo 1(4) do Protocolo das Convenções de Genebra de 1977 tinha, a certa altura, alguma relevância quando sentenciou certos combatentes da SWAPO na Namíbia. [120] NLM são um exemplo de que os actores não estatais podem estar vinculados pelas disposições do direito internacional e se assumirem estas obrigações, podem ser responsabilizados pela sua violação.

[103] Andrew Clapham *Human Rights Obligations of Non-State Actors*, Academy Of European Law, European University Institute, Oxford University Press, USA, The collected courses of the Academy of European Law. XV/1 2006, p. 273;

[104] Protocolo Adicional às Convenções de Genebra de 12 de Agosto de 1949, e relativo à Protecção das Vítimas de Conflitos Armados Internacionais (Protocolo 1), adoptado em 8 de Junho de 1977 pela Conferência Diplomática sobre o Reaffirmation and Development of International Humanitarian Law applicable in Armed Conflicts, entered into força de 7 de Dezembro de 1979;

[118] O texto da Convenção esta disponível na Internet em http://fletcher.tufts.edu/multi/texts/BH-790.txt , Última visita 7 de Abril de

[118] Supra 115, p. 274;

[119] Ibid

[120] Ibid

1.3.2.4. Grupos rebeldes, insurrectos não reconhecidos, grupos armados da oposição, partes num conflito armado interno, etc.

O direito humanitário que se aplica durante um conflito armado interno atribui certos deveres a "cada parte no conflito" expressos no artigo 3 comum a todas as Convenções de Genebra de 1949. Estas obrigações são vinculativas para grupos rebeldes, insurgentes não reconhecidos, grupos armados da oposição e partes num conflito armado interno e incluem a proibição de homicídio, tratamento cruel, sentenças ou execuções sem quaisquer salvaguardas judiciais, tomada de reféns. A aplicação destas disposições é problemática para ambas as partes: grupos rebeldes e governos. Os grupos rebeldes podem frequentemente congratular-se com a classificação dos seus ataques como um conflito interno, porque isso lhes coloca algum reconhecimento internacional, do outro lado, os governos podem não estar dispostos a reconhecer estes ataques como conflitos internos, preferindo dizer que esta é uma luta contra os criminosos. Ao [108]mesmo tempo, a aplicação destas obrigações não depende do reconhecimento dos governos de que foi atingido o limiar para um conflito armado, porque existem Resoluções das Nações Unidas que estabelecem essa arte. 3 das Convenções de Genebra devem ser respeitadas por todas as partes em conflito. [109]

O Protocolo II das Convenções de Genebra oferece mais protecção do que as normas mínimas estabelecidas no artigo 3°, mas para aplicar o Protocolo II a intensidade dos combates deve ser maior do que a necessária para aplicar o artigo 3°. Nos termos do artigo 1(2) do Protocolo, este não se aplica a motins, distúrbios internos e actos de violência esporádicos.[110] No artigo 1(1) o Protocolo exige que os grupos armados dissidentes estejam sob comando responsável e tenham algum controlo sobre parte do território. Sugere também que os próprios rebeldes fiquem vinculados pelas disposições do

Protocolo. [111] Hoje, este Protocolo assumiu conter obrigações para grupos rebeldes, insurrectos não reconhecidos, grupos armados da oposição que cumprem os critérios do Protocolo e onde os combates

---

[108] Supra 115, p. 275;

[109] Resolução da Comissão dos Direitos Humanos da ONU sobre El Salvador, 1991/71, par. preambular. 6;

[110] Afirma: "O presente Protocolo não se aplica a situações de distúrbios e tensões internas, tais como motins, actos de violência isolados e esporádicos e outros actos de natureza semelhante, como não sendo conflitos armados"." Disponível na Internet na página do Comité Internacional da Cruz Vermelha: http://www.icrc.org/ihl.nsf/FULL/4757OpenDocument. Última visita, 10 de Abril de 2008;

[111] Andrew Clapham *Human Rights Obligations of Non-State Actors*, Academia de Direito Europeu, Instituto Universitário Europeu p. 277;

atingiram o limiar estabelecido no Protocolo. [112]

Os argumentos legais para impor obrigações aos grupos rebeldes são que eles estão vinculados pelas disposições do direito internacional dos direitos humanos como nacionais do Estado que é parte dos instrumentos relevantes dos direitos humanos, quando exercem funções como um governo devem ser responsabilizados como um governo de facto.[113] O recente conflito armado não internacional na Serra Leoa é um exemplo que reconhece que actos cometidos em tais conflitos são puníveis como crimes internacionais. O artigo IX do Acordo de Paz de Lomé entre a RUF e o governo da Serra Leoa concedeu amnistia total aos participantes no conflito.[114] Em 2004, a Câmara de Recurso do Tribunal Especial da Serra Leoa decidiu que "(...) está bem estabelecido que todas as partes num conflito armado, quer sejam intervenientes estatais ou não estatais, estão vinculadas pelo direito humanitário internacional, embora apenas os Estados possam tornar-se partes em tratados internacionais". [115]A aplicação da lei dos direitos humanos a actores não estatais como grupos rebeldes, grupos armados da oposição, insurgentes não reconhecidos permite uma gama mais ampla de mecanismos de responsabilização, incluindo a monitorização pelos Relatores Especiais da Comissão dos Direitos Humanos da ONU.

1.3.2.5. Movimentos insurreccionais e outros movimentos bem sucedidos.

A Comissão de Direito Internacional nos seus comentários aos Artigos sobre Responsabilidade do Estado[116] é de opinião que, para que a conduta de um movimento insurreccional ou outro não seja imputável ao Estado, este deve permanecer independente das estruturas do Estado. Este é o caso em que o Estado põe a revolta no chão com sucesso.[117] Mas quando o movimento atinge os seus objectivos e se instala como o novo governo do

---

[112] Ibid, p. 278;

[113] As obrigações decorrentes do artigo 3 das Convenções de Genebra destinam-se aos grupos rebeldes e algumas investigações como a Meron consideram que estas regras podem ser impostas aos grupos rebeldes mesmo que não estejam incorporadas na legislação nacional. São vistas como impondo obrigações directas aos grupos rebeldes.
Ver Theodor Meron "Human Rights in Internal Strife": A sua Protecção Internacional", Cambridge: Grotius, 1987, p. 39;

[114] Mais detalhes ver William A. Schabas "Punishment of Non-State Actors in Non-International Armed Conflict", 26 Fordham Int'l L.J. 907, Abril, 2003, p. 921. Disponível na base de dados Westlaw. Última visita a 8 de Abril de 2008;

[115] *Procurador contra Sam Hinga Norman*, processo SCSL-2004-14-AR72(E). Decisão sobre a moção preliminar baseada na falta de jurisdição (recrutamento de crianças). Decisão de 31 de Maio de 2004, par.22;

[116] O artigo 10(1) e 10(2) dos artigos sobre "Responsabilidade dos Estados por Actos Internacionalmente Errados" afirma:

"1. a conduta de um movimento insurreccional que se torna o novo Governo de um Estado é considerada um acto desse Estado ao abrigo do direito internacional.

2. A condução de um movimento, insurreccional ou outro, que consiga estabelecer um novo Estado numa parte do território de um Estado pré-existente ou num território sob a sua administração, é considerada um acto do novo Estado ao abrigo do direito internacional. (...)"

[117] Comissão de Direito Internacional "Projecto de Artigos sobre Responsabilidade dos Estados por Actos Internacionalmente Errados com comentários", 2001, p.113. Disponível na Internet

Estado ou cria um novo Estado em parte do território de todo o território do Estado pré-existente, é responsável pela conduta anteriormente cometida por ele. A base de atribuição é a continuidade entre a conduta do movimento insurreccional e o governo eventual. O termo "conduta", tal como a Comissão de Direito Internacional o interpreta, "apenas diz respeito à conduta do movimento como tal e não aos actos individuais dos membros do movimento, agindo na sua própria capacidade". [118]Neste caso, o Estado continua a existir como sujeito de direito internacional. Decisões arbitrais internacionais como as das comissões mistas em relação à Venezuela (1903) e ao México (1920-1930) apoiam o ponto de vista da atribuição de conduta por parte de insurrectos onde o movimento é bem sucedido na realização dos seus objectivos. Na *Companhia Ferroviária Bolivar,* o princípio é estabelecido como se segue:

"A nação é responsável pelas obrigações de uma revolução bem sucedida desde o seu início, porque, em teoria, representou *ab initio* uma vontade nacional em mudança, cristalizando-se no resultado final bem sucedido". [119]

Os movimentos insurrecionais mal sucedidos não se enquadram na aplicação das regras da responsabilidade do Estado e o ILC tem o cuidado de afirmar que os movimentos insurrecionais mal sucedidos podem ser responsabilizados pela prática de genocídio ou crimes contra a humanidade. Os movimentos insurrecionais mal sucedidos podem ter obrigações em matéria de direitos humanos, mas são difíceis de detectar se forem examinados através do prisma da responsabilidade do Estado.

1.3.2.6. Geneva Call e compromisso como um passo para o reconhecimento das obrigações dos grupos armados em matéria de direitos humanos.

A Geneva Call é uma organização humanitária internacional que tem como objectivo envolver intervenientes armados não estatais para respeitar e aderir às normas humanitárias, a começar pela proibição das minas anti-pessoal (AP). A Geneva Call acredita na aplicação universal do direito humanitário internacional.[120] A Geneva Call convidou grupos armados a assinar um "Acto de Compromisso" para aderir a uma proibição total da utilização de minas antipessoal. Desde Abril de 2008, trinta e cinco grupos armados na Birmânia, Burundi, Índia, Irão, Iraque, Filipinas, Somália, Sudão, Turquia e Sara Ocidental concordaram em proibir as minas AP através deste mecanismo. [121] Três aspectos desta iniciativa podem ser destacados neste contexto: a possibilidade de as alargar de modo a abranger abusos dos direitos humanos; o compromisso de ir além do

---

http://untreaty.un.Org/ilc/texts/instruments/english/commentaries/9 6 2001.pdf Última visita, 9 de Abril de 2008;
[118] Ibid..;
[119] Ibid., p.116;
[120] Ver website http://www.genevacaU.org/home.htm . Última visita, 29 de Abril de 2008;
[121] A lista completa está disponível no website da Geneva Call:
http://www.genevacaU.org/signatory-groups/signatory-groups.htm . Última visita, 29 de Abril de 2008;

âmbito das obrigações equivalentes dos tratados governamentais; e a pluralidade dos mecanismos de responsabilização.[122] O preâmbulo da Escritura de Compromisso contém as seguintes declarações: "Aceitar que o direito humanitário internacional e os direitos humanos se aplicam e obrigam todas as partes em conflitos armados" e "Reafirmar a nossa determinação em proteger a população civil dos efeitos ou perigos das acções militares, e em respeitar os seus direitos à vida, à dignidade humana, e ao desenvolvimento".[123] Estas são referências claras aos direitos humanos que sugerem que os direitos humanos não são o tema específico da Escritura, é reconhecido que os grupos armados têm obrigações em matéria de direitos humanos.[124] Se os grupos armados estiverem preparados para assumir estas obrigações relacionadas com os direitos humanos, as discussões sobre a sua subjectividade ao abrigo do direito internacional perdem alguns dos seus argumentos. A Escritura de Compromisso também pode ser inscrita quando um Estado não está vinculado pelo direito internacional ao abrigo da Convenção de Otava e não há excepções permitidas ao abrigo da Escritura de Compromisso.

O aspecto mais problemático parece ser a responsabilização e os mecanismos de controlo. Ao abrigo da Convenção de Otava, existe a obrigação de prestação de contas por parte do Estado. Um aspecto inovador do projecto da Geneva Call foi a exigência de relatórios de conformidade por parte de actores não estatais que assinaram o Acto de Compromisso. O [125]Acto de Compromisso também contém obrigações para permitir a monitorização no artigo 3º. [126]Uma sanção contida na Escritura de Compromisso é a possibilidade de tornar público o incumprimento: "Entendemos que a Geneva Call pode tornar público o nosso cumprimento ou não cumprimento desta Escritura de Compromisso". (art.7). Tais compromissos contribuem para a criação de

---

[122] Andrew Clapham *Human Rights Obligations of Non-State Actors*, Academy Of European Law, European University Institute, Oxford University Press, USA, The collected courses of the Academy of European Law. XV/1 2006, p. 293;

[123] A escritura de compromisso está disponível na Internet em http://www.genevacall.org/about/testi-mission/gc-04oct01-deed.htm . Última visita, 29 de Abril de 2008;

[124] O artigo 5 da Escritura lê-se:

TRATAR este compromisso como um passo ou parte de um compromisso mais amplo em princípio com o ideal das normas humanitárias, particularmente do direito humanitário internacional e dos direitos humanos, e contribuir para o seu respeito na prática no terreno, bem como para o futuro desenvolvimento de normas humanitárias para conflitos armados.
O Acto de Compromisso está disponível na Internet em http://www.genevacall.org/about/testi-mission/gc-04oct01-deed.htm. Visitou pela última vez em 29 de Abril de 2008;
Citado em Andrew Clapham *Human Rights Obligations of Non-State Actors*, Academy Of European Law, European University Institute, Oxford University Press, USA, The collected courses of the Academy of European Law. XV/1 2006, p. 293;

---

[125] Ibid, p. 296;

[126] O artigo 3 diz:
PARA PERMITIR E COOPERAR na monitorização e verificação do nosso compromisso com a proibição total das minas antipessoais pela Geneva Call e outras organizações internacionais e nacionais independentes associadas para o efeito com a Geneva Call. Tal monitorização e verificação inclui visitas e inspecções em todas as áreas onde as minas antipessoal possam estar presentes, e o fornecimento das informações e relatórios necessários, conforme possa ser exigido para tais fins, num espírito de transparência e responsabilidade.
A escritura de compromisso está disponível na Internet em http://www.genevacaU.org/about/testi-mission/gc-04oct01-deed.htm. Visitado pela última vez em 29 de Abril de 2008;

obrigações internacionais para grupos armados? Quando um grupo rebelde celebra um acordo com um Estado, como está previsto na arte. 3 das Convenções de Genebra, tal acordo vinculará legalmente um actor não estatal e pode criar responsabilidade criminal internacional individual.[127] Os Estados partes na Convenção de Otava sugerem que as normas contidas no tratado devem também estender-se aos actores não-estatais. É também claro que o regime de compromisso desenvolvido pela Geneva Call encorajou governos e organizações inter-governamentais a incorporar tal abordagem nas suas missões, como a Advocacia de Acção contra as Minas das Nações Unidas.[128] O compromisso utiliza um conjunto claro de obrigações e pode transformar-se num mecanismo eficaz para assegurar a responsabilização dos grupos armados.

1.3.3. Empresas.

A responsabilização empresarial[129] pelas violações dos direitos humanos recebeu muita atenção nos últimos anos dos governos, investigadores, organizações de direitos humanos, grupos empresariais e mesmo das Nações Unidas. Neste contexto, perguntou John Coffee, Lord Chancellor of England no século XVIII: "Alguma vez se esperou que uma empresa tivesse consciência, quando não tem alma para ser condenada e nenhum corpo para ser chutado?"[130] Muitos investigadores usam termos diferentes para corporações, tais como: transnacionais, multinacionais e nacionais. O termo "transnacional" significa geralmente que existe uma única empresa legal a operar em mais de um país com sede e estatuto legal na lei nacional do Estado de origem.[131] A empresa transnacional é uma única empresa, mesmo que seja composta por empresas com identidades distintas ao abrigo da lei dos estados onde operam. Pode acontecer que uma empresa tenha a sua sede num estado, incorporação legal noutro estado, os accionistas são de um terceiro estado, os trabalhadores de um quarto estado e faz o seu negócio num quinto estado. Neste caso, o termo "multinacional" também pode destacar a especificidade da corporação. Também não há razão para excluir as empresas nacionais de deterem obrigações de direitos humanos ao lado das empresas multinacionais (MNC), transnacionais (TNC) e

---

[127] Andrew Clapham *Human Rights Obligations of Non-State Actors*, Academy Of European Law, European University Institute, Oxford University Press, USA, The collected courses of the Academy of European Law. XV/1 2006, p. 297;

[128] Ibid, p. 299;

[129] Andrew Clapham menciona a distinção entre responsabilidade empresarial e responsabilidade empresarial. Cita a CorpWatch que considera que "a responsabilidade empresarial refere-se a qualquer tentativa de levar as empresas a comportarem-se de forma responsável numa base voluntária, quer por considerações éticas, quer por considerações de fundo". A responsabilidade das empresas "refere-se a comportar-se de acordo com as normas sociais ou a enfrentar as consequências". Não procuraremos examinar as diferenças entre cada abordagem, mas sim discutir alguns problemas de como podem ser punidas as empresas que estão envolvidas em graves violações da lei dos direitos humanos.

Andrew Clapham *Human Rights Obligations of Non-State Actors*, Academy Of European Law, European University Institute, Oxford University Press, USA, The collected courses of the Academy of European Law. XV/1 2006, p. 195;

[130] John C. Coffee Jr. "No Soul to Damn: No Body to Kick": an unscandalized inquiry into the problem of corporate punishment', 79 Michigan Law Review 386 (1981), p. 386-459. Disponível na base de dados Westlaw. Última visita, 11 de Abril de 2008;

[131] Supra 140, p. 199;

empresas multinacionais (MNE). [132]

A subjectividade legal das empresas, especialmente transnacionais, tem sido objecto de muitas discussões. Não nos vamos concentrar nestes diferentes pontos de vista, mas enfatizar a ideia de que os actos das empresas podem ser considerados como crimes internacionais (projecto de Estatuto de Roma de 1998, por exemplo) e faz sentido discutir sobre a sua limitada responsabilidade internacional por violações dos direitos humanos.[133] Andrew

Clapham considera que "desde que admitamos que os indivíduos têm direitos e deveres ao abrigo do direito internacional consuetudinário dos direitos humanos e do direito humanitário internacional, temos de admitir que as pessoas colectivas podem também possuir a personalidade jurídica internacional necessária para usufruir de alguns destes direitos, e, inversamente, ser processadas ou responsabilizadas por violações dos deveres internacionais relevantes". [134]

O Tribunal Europeu dos Direitos Humanos reconheceu em alguns casos a pessoa colectiva como a única vítima apropriada que pode apresentar um pedido e declarou que os accionistas da empresa não podem solicitar a CEDH ao abrigo da Convenção.[135] Alguns estudiosos como Kruger e N0rgaard consideram que no artigo da Convenção Europeia relativo às vítimas (art. 34º)[136] é alargado às pessoas colectivas, porque estas se inserem no conceito de organizações não governamentais.[137] A CEDH tem casos trazidos por corporações, jornais, ONGs, desta forma. Um dos julgamentos importantes é o *Sunday Times contra o Reino Unido*, sendo

---

[132] Nesta tese o termo "corporações" será utilizado para todas as categorias;

[133] Como caso importante deve ser mencionado o *Julgamento de Bruno Tesch e Dois outros*. Bruno Tesch era proprietário de uma firma que fornecia gás venenoso para a exterminação de vermes. De 1941 a 1945, Zyklon B foi fornecido como resultado directo de encomendas aceites pela firma, Tesch e Stabenow. De 1942 a 1945, exterminando sistematicamente seres humanos a um total estimado de seis milhões, dos quais quatro milhões e meio foram exterminados pela utilização de Zyklon B num único campo, conhecido como Auschwitz/Birkenau. A defesa argumentou que o acusado não conhecia os objectivos da utilização do gás. Tesch e Weinbacher foram condenados à morte. Drosihn foi absolvido. O caso também pode ser estudado como base para uma investigação adicional de cumplicidade empresarial em genocídio, apesar de Tesch ter sido condenado por violação das leis de guerra.
O Processo Zyklon B, Processo de Bruno Tesch e Dois outros, Tribunal Militar Britânico, Hamburgo, 1-8 de Março de 1946. Fonte: The Zyklon B: Law-Reports of Trials of War Criminals, The United Nations War Crimes Commission, Volume I, Londres, HMSO,1947;

[134] Supra 140, p. 79;

[135] Processo *Agrotexim e outros contra Grécia*, requerimento 14807/89, acórdão de 24 de Outubro de 1995: "o Tribunal considera que a perfuração do "véu corporativo" ou o desrespeito da personalidade jurídica de uma empresa só se justificará em circunstâncias excepcionais, em particular quando for claramente estabelecido que é impossível para a empresa aplicar às instituições da Convenção através dos órgãos criados ao abrigo dos seus artigos de incorporação ou - em caso de liquidação - através dos seus liquidatários"(para 66);

[136] Arte. 34 afirma que: "O Tribunal pode receber pedidos de qualquer pessoa, organização não governamental ou grupo de indivíduos que afirmem ser vítimas de uma violação dos direitos (---) por uma das Altas Partes Contratantes";

[137] Supra 140, p. 81;

o requerente o Times Newspapers Ltd.[138] Outro julgamento, mais recente, é *Timpul info-magazin e Anghel contra a Moldávia.* [139] Parcerias, associações, mesmo associações não registadas, têm sido capazes de apresentar pedidos ao Tribunal Europeu. Há raros casos em que uma empresa pode ser o requerido num litígio perante um tribunal internacional, [140]mas um actor não estatal, como uma empresa, pode suportar deveres de direitos humanos fora dos tribunais e tribunais internacionais. A falta de mecanismos para responsabilizar uma corporação não significa que esta não tenha obrigações legais.

Se as organizações não governamentais ou os jornais puderem alegar que os seus direitos foram violados e procurar protecção a nível internacional, podem também ter a capacidade de suportar as obrigações em matéria de direitos humanos.[141]Neste contexto, devemos concentrar-nos nos direitos e obrigações da entidade, em vez de clarificarmos a sua personalidade jurídica.

1.3.3.1 Responsabilização das empresas.

Andrew Clapham vê uma distinção entre a lei da responsabilidade do Estado por entidades habilitadas e a responsabilidade por entidades sob controlo estatal.[142] O artigo 5° dos artigos do ILC sobre responsabilidade do Estado dá um amplo âmbito aos tipos de entidades que poderiam ser abrangidas pelo seu âmbito de aplicação:

A conduta de uma pessoa ou entidade que não seja um órgão do Estado nos termos do artigo 4°, mas que esteja habilitada pela lei desse Estado a exercer elementos da autoridade governamental, é considerada um acto do Estado nos termos do direito internacional, desde que a pessoa ou entidade esteja a agir nessa qualidade no caso concreto.

Este artigo regula "o fenómeno cada vez mais comum das entidades para-estatais, que exercem elementos de autoridade governamental no lugar dos órgãos do Estado, bem como situações em que antigas empresas estatais foram privatizadas, mas mantêm certas funções públicas ou reguladoras". [143] ILC nos seus comentários considera que o termo entidade pode incluir empresas públicas, entidades semi-públicas, agências públicas habilitadas pela lei do Estado a exercer funções de carácter público. em alguns países as empresas de segurança privadas podem ser contratadas para actuar como guardas prisionais e nessa qualidade

---

[138] Acórdão de 26 de Abril de 1979, pedido 6538/74;

[139] Acórdão de 27 de Novembro de 2007, requerimento 42864/05;

[140] Câmara do Tribunal do Direito do Mar (art. 187 e 291 (2) da Convenção das Nações Unidas sobre o Direito do Mar (1982);

[141]Supra 140, p. 82;

[142] Andrew Clapham *Human Rights Obligations of Non-State Actors*, Academy Of European Law, European University Institute, Oxford University Press, USA, The collected courses of the Academy of European Law. XV/1 2006, p. 241;

[143] International Law Commission "Draft Articles on Responsibility of States for Internationally Wrongful Acts with commentaries", 2001, parágrafo 1 do comentário à arte. 5. Disponível na Internet em http://untreaty.un.Org/ilc/texts/instruments/english/commentaries/962001.pdf Última visita, 9 de Abril de 2008;

podem exercer poderes públicos, tais como poderes de detenção. [144]

A nível internacional, o Estado será responsável pelos actos e omissões destas entidades privatizadas, se houver um comportamento incorrecto a nível internacional e se estas actuarem nessa qualidade. Se as empresas que são controladas pelo Estado actuarem de forma contrária às obrigações internacionais do Estado, a questão é se a sua conduta pode ser atribuída ao Estado. O direito internacional reconhece que as entidades empresariais podem ser separadas a nível nacional, excepto nos casos em que o "véu empresarial" é um veículo de fraude ou evasão. [145]O facto de o Estado ter criado uma entidade empresarial não constitui uma base suficiente para a atribuição da sua conduta ao Estado. [146]Deve constituir prova de que a corporação exerce elementos de autoridade governamental na acepção do artigo 5º para fazer atribuir a conduta ao Estado. [147]

Genocídio, escravatura, comércio, trabalho forçado, crimes de guerra têm sido ditos pelos tribunais dos EUA que são passíveis de acção mesmo na ausência de um nexo de Estado ao abrigo da Lei de 1789 sobre Pedidos de Informação sobre os Estrangeiros. [148] A decisão *Kadic versus Karadzic do* tribunal norte-americano declarou que quando a violação, a tortura e a execução sumária são cometidas em comité din isolado, estes crimes "são passíveis de acção ao abrigo da Lei sobre a Responsabilidade Civil Extraterrestre, sem considerar a acção estatal, na medida em que foram cometidos na perseguição de genocídio ou crimes de guerra"[149]. No caso *Talisman Energy Inc.* durante as fases preliminares, o Juiz Schwartz concluiu que as empresas também podem ser responsabilizadas ao abrigo do direito internacional, "pelo menos por graves violações dos direitos humanos". [150]

Em *Re South African Apartheid Litigation* foi sugerido que a ATCA não pode ser lida como incluindo a ajuda e a cumplicidade.[151] O Apartheid é uma das acções que constitui crime contra a humanidade e é também visto

---

[144] Ibid, parágrafo 2 do comentário à arte. 5;

[145]*Barcelona Traction, Light and Power Company, Limited*, Second Phase, I.C.J. Reports 1970, p. 3, p. 39, para. 56-58;

[146] Supra 156, parágrafo 6 do comentário à arte. 8;

[147] Ibid. Ver também *Phillips Petroleum Co. Iran v. Islamic Republic of Iran* (1989) 21 Iran-U.S.C.T.R. 79;

[148] *Wiwa versus Royal Dutch Shell Petroleum (Shell)*, US District Court for the Southern District of New York, 28 de Fevereiro de 2002, em 39;

[149] *Kadic versus Karadzic* 70 F 3d 232 (2º Circuito, 1995), em 243-244;

[150] O Juiz Schwartz realizou:
(...) um substancial precedente internacional e dos Estados Unidos indica que as empresas também podem ser responsabilizadas ao abrigo do direito internacional, pelo menos por graves violações dos direitos humanos. O vasto precedente do Segundo Circuito indica ainda que as acções ao abrigo da ATCA contra empresas arguidas por violações tão substanciais do direito internacional, incluindo as violações jus cogens, são a norma e não a excepção.
The Presbyterian Church of Sudan et al v Talisman Energy Inc, Republic of the Sudan Civil Action 01 CV 9882 (AGS), US District Court for the Southern District of New York na p.47 da Ordem de 19 de Março de 2003.

[151] *Re South African Apartheid Litigation* US District Court Southern District of New York, 29 de Novembro de 2004, Sprizzo

como uma grave violação dos direitos humanos. O Juiz Sprizzo foi da opinião de que as queixas contra as empresas acusadas deveriam ser consideradas sob três pontos de vista: primeiro, que as empresas envolvidas em acções estatais e que agiram sob a cor da lei para cometerem violações do direito internacional; segundo, que os arguidos incitaram e auxiliaram o regime do apartheid; e terceiro, que o negócio dos arguidos é suficiente para constituir uma violação internacional.[152] Relativamente ao terceiro chefe, o juiz Sprizzo declarou que a responsabilidade pela violação das normas da Convenção sobre o Genocídio não se pode aplicar, porque os EUA declararam que os tratados não são de autoexecução. [153]A mesma abordagem foi utilizada para a ICCPR, Carta da ONU, Convenção do Apartheid e Declaração Universal dos Direitos do Homem. Foram consideradas insuficientes "para criar um direito internacional vinculativo passível de acção no âmbito da ATCA". [154]Além disso, o juiz concluiu que "fazer negócios no apartheid na África do Sul não é uma violação do direito internacional que apoiaria a jurisdição no tribunal federal sob a ATCA". [155]

No processo UNOCAL, os queixosos procuraram obter reparação pelas violações dos direitos humanos cometidas pelos militares de Myanmar em ligação com a construção do gasoduto Yadana na Birmânia pela UNOCAL. Os queixosos eram camponeses birmaneses que sofreram violações dos direitos humanos como deslocalização forçada, trabalhos forçados, violação, tortura e assassinato. O Tribunal de Recurso dos EUA reafirmou decisões anteriores dos tribunais americanos que declararam que algumas violações do direito internacional não requerem o envolvimento do Estado e podem ser cometidas por actores privados. [156]O Tribunal de Recurso considerou que a participação da empresa não precisa de facto causar a violação, "mas a assistência ou incentivo tem de ser tal que, sem essa participação, as violações *muito provavelmente* não teriam ocorrido da *mesma forma*".[157] O elemento mental necessário para a cumplicidade da empresa parece ser, neste caso, que a empresa sabia ou deveria saber que os seus actos ajudaram no crime. Também foi salientado o facto de que a empresa beneficia das violações dos direitos humanos.[158] O caso UNOCAL estabeleceu, numa fase preliminar, que se uma empresa não reagir a abusos dos direitos humanos, pode ser considerado ao abrigo do direito internacional como tendo ajudado e sido cúmplice de abusos. A. Clapham considera que esta lógica pode ser alargada a certos crimes ao abrigo do direito internacional como a tortura,

---

DJ;

[152] Ibid, aos 15-16 da transcrição;
[153] Ibid, aos 21 anos;
[154] Ibid, aos 25 anos;
[155] Ibid, aos 29 anos;
[156] Andrew Clapham *Human Rights Obligations of Non-State Actors*, Academy Of European Law, European University Institute, Oxford University Press, USA, The collected courses of the Academy of European Law. XV/1 2006, p. 255;
[157] Ibid, p. 257;
[158] Ibid;

crimes contra a humanidade e crimes de guerra. [159]A UNOCAL concordou em compensar os queixosos em Março de 2005, num acordo histórico que pôs fim ao processo judicial.

Há alguns críticos da ATCA, mas para além disto, continua a ser um dos poucos mecanismos para responsabilizar as empresas, mesmo que seja apenas a nível nacional.

1.4. Responsabilidade do Estado por genocídio e crimes contra a humanidade cometidos por actores não estatais.

Existe a obrigação de diligência devida para que os Estados protejam os direitos dos indivíduos e também para assegurar o respeito pelos direitos nas convenções relevantes em matéria de direitos humanos.[160]O artigo 2(1) do ICCPR diz:

Cada Estado Parte no presente Pacto compromete-se a respeitar e a assegurar a todos os indivíduos dentro do seu território e sujeitos à sua jurisdição os direitos reconhecidos no presente Pacto, sem distinção de qualquer tipo, tais como raça, cor, sexo, língua, religião, opinião política ou outra, origem nacional ou social, propriedade, nascimento ou outro estatuto. [161]

O artigo 1º da Convenção Europeia dos Direitos do Homem também estabelece:

As Altas Partes Contratantes garantirão a todas as pessoas sob a sua jurisdição os direitos e liberdades definidos na Secção I da presente Convenção. [162]

A Convenção Americana sobre Direitos Humanos, no seu artigo 1 também declara:

1   Os Estados Partes na presente Convenção comprometem-se a respeitar os direitos e liberdades aqui reconhecidos e a assegurar a todas as pessoas sujeitas à sua jurisdição o livre e pleno exercício desses direitos e liberdades, sem qualquer discriminação por motivos de raça, cor, sexo, língua, religião, opinião política ou outra, origem nacional ou social, estatuto económico, nascimento, ou qualquer outra condição social.

2   . Para os fins desta Convenção, "pessoa" significa todo o ser humano. [163]

---

[159] Ibid, p. 259;

[160] Peter Finell "Accountability under Human Rights Law and International Criminal Law for Atrocities Against Minority Groups Committed by Non-State Actors", Abo Akademi Institute for Human Rights, Maio de 2002, p. 14, disponível na Internet em http://web.abo.fi/instut/imr/norfa/peter.pdf . Última visita em 24 de Março de 2008;

[161] Pacto Internacional sobre os Direitos Civis e Políticos, G.A. res. 2200A (XXI), 21 U.N. GAOR Sup. (No. 16) a 52, U.N. Doc. A/6316 (1966), 999 U.N.T.S. 171, entrou em vigor em 23 de Março de 1976;

[162] Convenção Europeia para a Protecção dos Direitos do Homem e das Liberdades Fundamentais, (ETS No. 5), 213 U.N.T.S. 222, entrou em vigor em 3 de Setembro de 1953, emendada pelos Protocolos No. 3, 5, 8, e 11, que entraram em vigor em 21 de Setembro de 1970, 20 de Dezembro de 1971, 1 de Janeiro de 1990, e 1 de Novembro de 1998, respectivamente;

[163] Convenção Americana sobre Direitos Humanos, O.A.S. Série de Tratados nº 36, 1144 U.N.T.S. 123 entrou em vigor em Julho

18, 1978, reimpresso em Basic Documents Pertaining to Human Rights in the Inter-American System, OEA/Ser.L.V/II.82

O artigo 1º da Carta Africana dos Direitos do Homem e dos Povos contém uma obrigação semelhante:

Os Estados membros da Organização da Unidade Africana partes na presente Carta reconhecem os direitos, deveres e liberdades consagrados no presente capítulo e comprometem-se a adoptar medidas legislativas ou outras medidas para lhes dar efeito. [164]

Os Estados são responsáveis por assegurar os direitos estabelecidos nos instrumentos de direitos humanos e devem tomar medidas para proteger os direitos contra ameaças, incluindo as provenientes de actores não estatais. Um Estado que não cumpra esta obrigação é culpado de violar os direitos humanos.[165] Em *Herrera Rubio contra a Colômbia, o* Comité dos Direitos Humanos da ONU considerou que "os Estados Partes deveriam tomar medidas específicas e eficazes para prevenir o desaparecimento de indivíduos e estabelecer instalações e procedimentos eficazes para investigar exaustivamente, por um órgão imparcial adequado, os casos de pessoas desaparecidas e desaparecidas em circunstâncias que possam envolver uma violação do direito à vida". [166]No acórdão *Osman versus Reino Unido,* o Tribunal Europeu dos Direitos do Homem teve uma posição semelhante no que diz respeito ao princípio da devida diligência:

O Tribunal observa que a primeira frase do artigo 2 § 1 obriga o Estado não só a abster-se de tirar a vida intencional e ilegal, mas também a tomar as medidas adequadas para salvaguardar a vida das pessoas dentro da sua jurisdição (...) [167]

Num caso envolvendo desaparecimentos forçados, *Quinteros et al contra o Uruguai*, o Comité dos Direitos

---

doc.6 rev.1 a 25 (1992);

[164] Carta Africana [Banjul] dos Direitos Humanos e dos Povos, adoptada a 27 de Junho de 1981, OAU Doc. CAB/LEG/67/3 rev. 5, 21 I.L.M. 58 (1982), que entrou em *vigor em* 21 de Outubro de 1986;

[165] "Accountability under Human Rights Law and International Criminal Law for Atrocities Against Minority Groups Committed by Non-State Actors" de Peter Finell, Abo Akademi Institute for Human Rights, Maio de 2002, p. 16, disponível na Internet em http://web.abo.fi/instut/imr/norfa/peter.pdf. Última visita em 24 de Março de 2008;

[166] *Joaqum David Herrera Rubio et al. v. Colômbia*, comunicação nº 161/1983, U.N. Doc. CCPR/C/OP/2 em 192 (1990), no par. 10.3 lê:

Embora o Comité considere que há razões para crer, à luz das alegações do autor, que os militares colombianos são responsáveis pelas mortes de Josh Herrera e Emma Rubio de Herrera, não foram produzidas provas conclusivas para estabelecer a identidade dos assassinos. A este respeito, o Comité remete para o seu comentário geral nº 6 (16) relativo ao artigo 6º do Pacto, que prevê, *inter alia,* que os Estados partes devem tomar medidas específicas e eficazes para impedir o desaparecimento de indivíduos e estabelecer instalações e procedimentos eficazes para investigar exaustivamente, por um organismo imparcial adequado, os casos de pessoas desaparecidas e desaparecidas em circunstâncias que possam envolver uma violação do direito à vida. O Comité registou devidamente as observações do Estado parte relativamente às investigações levadas a cabo neste caso, que, no entanto, parecem ter sido inadequadas à luz das obrigações do Estado parte nos termos do artigo 2 do Pacto.

[167] *Osman v. Reino Unido*, acórdão de 28 de Outubro de 1998, Tribunal Europeu dos Direitos do Homem, Relatórios 1998-VIII. 115. A sentença diz ainda:

É comum que a obrigação do Estado a este respeito se estenda para além do seu dever primordial de assegurar o direito à vida, através da criação de disposições penais eficazes para dissuadir a prática de infracções contra a pessoa apoiada por mecanismos de aplicação da lei para a prevenção, supressão e sanção de violações de tais disposições. É assim aceite por aqueles que compareçam perante o Tribunal que o artigo 2º da Convenção pode também implicar, em determinadas circunstâncias bem definidas, uma obrigação positiva para as autoridades de tomar medidas operacionais preventivas para proteger um indivíduo cuja vida esteja em risco dos actos criminosos de outro indivíduo. O âmbito desta obrigação é uma questão de disputa entre as partes.

Humanos da ONU enfatizou o dever do governo de investigar o caso de desaparecimento forçado.[168] É indubitável que quando são violados certos direitos humanos, o Estado tem a obrigação de perseguir os agressores. Este é o caso de violações dos direitos humanos que também constituem crimes internacionais. [169].

---

[168] *Maria del Carmen Almeida de Quinteros et al. v. Uruguai*, comunicação nº 107/1981, U.N. Doc. CCPR/C/OP/2 a 138 (1990), par. 15: "(...) o Governo do Uruguai tem o dever de conduzir uma investigação completa sobre o assunto. Não há provas de que tal tenha sido feito".

[169] O artigo 5º da Convenção sobre o Genocídio diz:

As Partes Contratantes comprometem-se a promulgar, em conformidade com as respectivas Constituições, a legislação necessária para dar efeito às disposições da presente Convenção e, em particular, a prever sanções efectivas para os culpados de genocídio ou de qualquer outro acto enumerado no artigo III.

Convenção sobre a Prevenção e Punição do Crime de Genocídio, aprovada e proposta para assinatura e ratificação ou adesão pela resolução 260 A (III) da Assembleia Geral de 9 de Dezembro de 1948, entrada em vigor a 12 de Janeiro de 1951;

2. AS COMPLEMENTARIDADES ENTRE O DIREITO DOS DIREITOS HUMANOS E O DIREITO PENAL INTERNACIONAL NA PERSEGUIÇÃO DE CRIMES CONTRA A HUMANIDADE E GENOCÍDIO COMETIDOS POR NÃO-ACTORES ESTATAIS

.

2.1. Benefícios para o sistema de protecção dos direitos humanos trazidos pelo Estatuto de Roma.

Os acórdãos ICTY e ICTR referem-se, em muitos casos, aos direitos humanos e aos instrumentos relevantes em matéria de direitos humanos. No recurso de *Furundzija*, a Câmara de Recurso do ICTY fez referência à CEDH, especificamente à jurisprudência sobre o direito a um processo justo previsto no artigo 6. [183] O Estatuto do TPI reconhece em vários locais, incluindo o artigo 36 que os candidatos a juízes devem ter competência em direito penal ou "em áreas relevantes do direito internacional tais como o direito humanitário internacional e o direito dos direitos humanos, e uma vasta experiência numa capacidade jurídica profissional, que é de relevância para o trabalho judicial do Tribunal". [184] No acórdão *Jelisic* de 14 de Dezembro de 1999, o ICTY reconheceu que "(...) a Convenção [Genocídio] se tornou um dos instrumentos internacionais mais amplamente aceites em matéria de direitos humanos (...) Não pode haver qualquer dúvida de que as suas disposições se enquadram no direito internacional consuetudinário (...)". [185]

A criação do Tribunal Penal Internacional teve uma importância particular para a protecção dos direitos humanos. Peter Finell considera que "o TPI é um instrumento contra a impunidade". [186] O Estatuto de Roma codifica os crimes contra a humanidade e aqueles que os cometem são processados internacionalmente quando os Estados não podem ou não querem fazer isso. O limiar para definir alguma acção como crime contra a humanidade não foi demasiado reduzido e só violações grosseiras dos direitos humanos podem ser qualificadas como crimes contra a humanidade. [187] É de grande importância responsabilizar actores não estatais, tais como indivíduos, por crimes contra a humanidade, o que estava antes nos Estatutos dos tribunais ad hoc. Estes podem ser responsabilizados directamente quando o Estado não é capaz de os processar. O ICC alargou o campo dos direitos humanos não-derrogáveis. O Comité dos Direitos Humanos no seu Comentário Geral n.º 29 sobre o Estado de Emergência fez referências ao TPI e à categoria dos crimes contra a humanidade quando raciocinava porque certos direitos humanos são não-derrogáveis. [170]

---

[170] Afirma:

[183] Claire de Than e Edwin Shorts *International Criminal Law and Human Rights*, Sweet and Maxwell, Londres, 2003, p. 12, par. 1-022;
[184] Arte. 36(3)(b)(ii)do Estatuto de Roma.
[185] *Procurador contra Goran Jelisic*, sentença de 14 de Dezembro de 1999 da Câmara de Julgamento do ICTY, processo para. 60. Disponível na Internet na página do ICTY: http://www.un.org/icty/ielisic/trialc 1/judgement/jel-tj 991214e.pdf. Última visita, 21 de Abril de 2008;
[186] "Accountability under Human Rights Law and International Criminal Law for Atrocities Against Minority Groups Committed by Non-State Actors" de Peter Finell, Abo Akademi Institute for Human Rights, Maio de 2002, p. 52, disponível na Internet em http://web.abo.fi/instut/imr/norfa/peter.pdf. Última visita em 24 de Março de
[187] Ibid..;

O Estatuto da ICC também codificou o genocídio e a inclusão da perseguição dá mais protecção aos direitos humanos. Neste contexto, Peter Finell considera que "a extensão da aplicação de crimes contra a humanidade e genocídio pode ter, também sobre actores não estatais, deve naturalmente ser vista também como um valor acrescentado em si mesma".[171] Mesmo que o TPI tenha jurisdição sobre genocídio e crimes contra a humanidade, não pode substituir a responsabilidade do Estado na prevenção destes crimes. No que diz respeito à responsabilidade dos actores não estatais pelo genocídio e crimes contra a humanidade, o direito internacional dos direitos humanos e o direito penal internacional continuam a funcionar como dois ramos separados, mas complementares, do direito internacional.

2.2. Acusação de genocídio cometido por actores não estatais.

O artigo 2º da Convenção sobre a Prevenção e Punição do Crime de Genocídio define o crime de genocídio como: matar membros do grupo; causar graves danos físicos ou mentais aos membros do grupo; infligir deliberadamente ao grupo condições de vida calculadas para provocar a sua destruição física total ou parcial; impor medidas destinadas a impedir os nascimentos dentro do grupo; transferir à força as crianças do grupo para outro grupo se forem cometidas com a "intenção de destruir, total ou parcialmente, um grupo nacional,

---

Ao avaliar o âmbito da derrogação legítima do Pacto, pode encontrar-se um critério na definição de certas violações dos direitos humanos como crimes contra a humanidade. Se uma acção conduzida sob a autoridade de um Estado constituir uma base para a responsabilidade criminal individual por um crime contra a humanidade por parte das pessoas envolvidas nessa acção, o artigo 4º do Pacto não pode ser utilizado como justificação para que um estado de emergência isente o Estado em questão da sua responsabilidade em relação à mesma conduta. Por conseguinte, a recente codificação dos crimes contra a humanidade, para fins jurisdicionais, no Estatuto de Roma do Tribunal Penal Internacional é relevante na interpretação do artigo 4º do Pacto.

Comentário Geral do Comité dos Direitos Humanos 29 Estados de Emergência (artigo 4), CCPR/C/21/Rev.1/Add.11, 31 de Agosto de 2001 nos parágrafos 12 e 13. Disponível na Internet na página web das Nações Unidas: http://www.unhchr.ch/tbs/doc.nsf70/71eba4be3974f47c1256ae2005173617Opendocument. Última visita, 16 de Abril de 2008;

[171] Supra, 186;

étnico, racial ou religioso enquanto tal".[172] As disposições da Convenção tornaram-se parte integrante dos Estatutos do ICTY, ICTR e ICC. [173] O [174]genocídio é um crime específico, em que a vítima é o próprio grupo e não um 192
individual.

Relativamente à responsabilidade, a Convenção no artigo 4º estabelece que "as pessoas que cometam genocídio ou qualquer outro acto enumerado no artigo 3º serão punidas, quer sejam governantes constitucionalmente responsáveis, funcionários públicos ou indivíduos privados".[175] O conteúdo deste artigo foi integrado nos estatutos dos tribunais ad hoc e da ICC, sendo assim estabelecida a responsabilidade criminal de indivíduos que actuem como chefes de Estado, funcionários públicos ou como indivíduos privados por genocídio.[176]Um actor não estatal pode ser responsabilizado por um genocídio, mas é difícil de mostrar se tinha intenções genocidas. A prática do ICTY pode sugerir que actores não-estatais como grupos armados possam cometer genocídio. [177]

O ICTY reconhece que é muito difícil provar a intenção genocida se o crime "não for apoiado por uma organização ou um sistema"[178], mas não define isto como uma condição absoluta para que o genocídio seja cometido. Neste contexto, parece possível afirmar que um grupo armado que procura destruir um

---

[172] Convenção sobre a Prevenção e Punição do Crime de Genocídio, adoptada pela Resolução 260 (III) A da Assembleia Geral das Nações Unidas em 9 de Dezembro de 1948, art. 2. Disponível na Internet em: http://www.hrweb.org/legal/genocide.html . Última visita, 20 de Abril de 2008;

[173] Estatuto do ICTY, arte. 4, Estatuto do ICTR, art. 2, e o art. 6 do Estatuto do TPI;

[174] "Accountability under Human Rights Law and International Criminal Law for Atrocities Against Minority Groups Committed by Non-State Actors" de Peter Finell, Abo Akademi Institute for Human Rights, Maio de 2002, p. 32, disponível na Internet em http://web.abo.fi/instut/imr/norfa/peter.pdf . Última visita em 24 de Março de 2008;

[175] Convenção sobre a Prevenção e Punição do Crime de Genocídio, adoptada pela Resolução 260 (III) A da Assembleia Geral das Nações Unidas em 9 de Dezembro de 1948, art. 4;

[176] "Accountability under Human Rights Law and International Criminal Law for Atrocities Against Minority Groups Committed by Non-State Actors" de Peter Finell, Abo Akademi Institute for Human Rights, Maio de 2002, p. 33, disponível na Internet em http://web.abo.fi/instut/imr/norfa/peter.pdf . Última visita em 24 de Março de 2008;

195ICTY Câmara de Julgamento realizada no caso *Jelisic:*

(...) Os assassinatos cometidos pelo arguido são suficientes para estabelecer o elemento material do crime de genocídio e é *a priori* possível conceber que o arguido tenha abrigado o plano de extermínio de todo um grupo sem que essa intenção tenha sido apoiada por qualquer organização em que outros indivíduos tenham participado (...). A este respeito, o trabalho preparatório da Convenção de 1948 faz ressaltar que a premeditação não foi seleccionada como ingrediente legal do crime de genocídio, depois de ter sido mencionada pela comissão *ad hoc* na fase de projecto, com o fundamento de que parecia supérflua dada a intenção especial já exigida pelo texto (...) e que tal precisão apenas tornaria o ónus da prova ainda maior (...). Resulta desta omissão que os redactores da Convenção não consideraram a existência de uma organização ou de um sistema ao serviço de um objectivo genocida como um ingrediente legal do crime. Ao fazê-lo, não descartaram a possibilidade de um único indivíduo procurar destruir um grupo como tal (...) *Procurador contra Goran Jelisic,* julgamento, caso nº. IT-95-10-T, 14 de Dezembro de 1999, par. 100. Disponível na Internet na página web do ICTY: http://www.un.org/icty/jelisic/trialc1/judgement/jel-tj991214e.pdf . Última visita em Abril, 20 de Abril de 2008;

[178]*Procurador contra Goran Jelisic,* julgamento, caso nº. IT-95-10-T, 14 de Dezembro de 1999, para. 101: "(.) será muito difícil na prática fornecer provas da intenção genocida de um indivíduo se os crimes cometidos não forem generalizados e se o crime acusado não for apoiado por uma organização ou um sistema (.)".

grupo no todo ou em parte e sem qualquer ligação com o Estado é capaz de cometer um genocídio. No entanto, como o ICTY admitiu no julgamento *Jelisic*,[179] é difícil responsabilizar por genocídio um actor não estatal que não é apoiado pelo sistema ou organização.

2.2.1. Características e elementos de genocídio.

Classificar e definir o genocídio tornou-se hoje um dos maiores obstáculos, pois em muitos casos sobrepõe-se a outros crimes internacionais como os crimes de guerra e os crimes contra a humanidade.[180]O ICTR e o ICTY têm jurisprudência em matéria de condenação por genocídio; alguns dos casos serão examinados a seguir.

No acórdão *Jelisic* de 14 de Dezembro de 1999, a Câmara de Julgamento do ICTY refere-se ao Tribunal Internacional de Justiça que colocou o crime de genocídio ao nível do *jus cogens* "[ênfase acrescentada]", devido à sua extrema gravidade. Define genocídio como:

(...) um crime de direito internacional" envolvendo a negação do direito de existência de grupos humanos inteiros, uma negação que choca a consciência da humanidade e resulta em grandes perdas para a humanidade, e que é contrária ao direito moral e ao espírito e objectivos das Nações Unidas ... A primeira consequência decorrente desta concepção é que os princípios subjacentes à Convenção são princípios reconhecidos pelas nações civilizadas como vinculativos para os Estados, mesmo sem qualquer obrigação convencional. Uma segunda consequência é o carácter universal tanto da condenação do genocídio como da cooperação necessária "para libertar a humanidade de um flagelo tão odioso" (Preâmbulo da Convenção). [181]

Ao estabelecer o *actus reus* "[ênfase acrescentada]" da Câmara de Julgamento do genocídio ICTY no mesmo julgamento, decidiu que o elemento material do genocídio é constituído por um ou mais dos seguintes actos:

- Matar membros do grupo. Em *Prosecutor versus Akayesu*, acórdão de 2 de Setembro de 1998, a Câmara de Julgamento do ICTR manteve e concluiu que o artigo 2(2)(a) relacionado com o genocídio no ICTR

---

[179] *Procurador contra Goran Jelisic,* acórdão, Processo nº IT-95-10-T, 14 de Dezembro de 1999, par. 100. Disponível na Internet na página web do ICTY: http://www.un.org/icty/jelisic/trialc1/judgement/jel-tj991214e.pdf. Última visita em Abril, 20 de Abril de 2008;

[180] Claire de Than e Edwin Shorts *International Criminal Law and Human Rights,* Sweet and Maxwell, Londres, 2003, p. 84, para. 4-021;

[181] Citado em *Prosecutor versus Goran Jelisic*, acórdão de 14 de Dezembro de 1999 da Câmara de Julgamento do ICTY, Processo n.º IT- 95-10-T, para. 60. Disponível na Internet na página Web do ICTY: http://www.un.org/icty/jelisic/trialc1/judgement/jel- tj991214e.pdf. Última visita, 21 de Abril de 2008;

O Estatuto deve ser interpretado em conformidade com a definição de homicídio dada no Código Penal do Ruanda,[182] segundo a qual "muetre" é um homicídio cometido com a intenção de causar a morte.

- Causando graves danos corporais ou mentais aos membros do grupo. Não é necessário que o dano causado seja irremediável e permanente, pode cobrir actos de tortura, perseguição, tratamento desumano ou degradante.[183] A tortura e os tratamentos desumanos e degradantes são também violações dos direitos humanos no âmbito do ICCPR e da Convenção das Nações Unidas contra a Tortura. E, segundo a CAT, em. 4 "[e]ach Estado Parte assegurará que todos os actos de tortura sejam infracções ao abrigo do seu direito penal". [184]Consequentemente, para tais actos, os indivíduos também podem ser julgados nos tribunais nacionais.

- Infligir deliberadamente no grupo condições de vida calculadas para provocar a sua destruição física no todo ou em parte. Em Procurador contra Akayesu, julgamento de 2 de Setembro de 1998, a Câmara de Julgamento do ICTR considerou que este acto "(...) deve ser interpretado como os métodos de destruição pelos quais o autor do crime não mata imediatamente os membros do grupo, mas que, em última análise, procuram a sua destruição física". [185]

- Imposição de medidas destinadas a prevenir os nascimentos dentro do grupo. O ICTR considerou que estes actos "(.) devem ser interpretados como mutilação sexual, prática de esterilização, controlo de nascimentos forçados, separação dos sexos e proibição de casamentos. Nas sociedades patriarcais, onde a pertença a um grupo é determinada pela identidade do pai, um exemplo de uma medida destinada a prevenir nascimentos dentro de um grupo é o caso em que, durante a violação, uma mulher do referido grupo é deliberadamente impregnada por um homem de outro grupo, com a intenção de a fazer dar à luz uma criança que consequentemente não pertencerá ao grupo da sua mãe". [186]

- Transferência forçada de crianças do grupo para outro grupo se forem cometidas com a intenção de destruir, no todo ou em parte, um grupo nacional, étnico, racial ou religioso enquanto tal. O ICTR

---

[182] *Procurador contra Jean-Paul Akayesu*, ICTR Chamber I judgment of 2 September 1998, ICTR-96-4-T, par. 500;

[183] John E. Ackerman e Eugene O'Sullivan *Prática e Procedimento do Tribunal Penal Internacional para a ex-Jugoslávia. Com materiais seleccionados do Tribunal Penal Internacional para o Ruanda*, Haia: Kluwer Law International, 2000, p. 44;

[184] Convenção contra a Tortura e Outros Tratamentos ou Penas Cruéis, Desumanos ou Degradantes, adoptada pela resolução 39/46 da Assembleia Geral de 10 de Dezembro de 1984;

[185] Supra 200, para. 505;

[186] Ibid, para. 507;

A Câmara de Julgamento considerou que "(...) o objectivo não é apenas sancionar um acto directo de transferência física forçada, mas também sancionar actos de ameaça ou trauma que levariam à transferência forçada de crianças de um grupo para outro". [187]

O artigo 4º do Estatuto do ICTY protege os indivíduos pertencentes a um grupo nacional, étnico, racial ou religioso e exclui os membros de grupos políticos. No caso de grupos étnicos, nacionais e raciais, nem sempre é fácil aplicar critérios objectivos para determinar a identidade nacional, étnica ou racial de um indivíduo. [188] [189]No julgamento *Jelisic* de 14 de Dezembro de 1999, a Câmara de Julgamento do ICTY foi da opinião de que um grupo poderia ser identificado e estigmatizado de acordo com critérios positivos ou negativos [207].

Na determinação da intenção discriminatória, deve ser tido em conta o contexto geral em que os actos ocorreram, as declarações e os actos do acusado e que os actos do acusado ocorreram tendo como pano de fundo a violência generalizada e sistemática cometida contra um grupo específico. A combinação de factores demonstraria que o acusado escolheu as suas vítimas com a discriminação. [190]

O genocídio exige prova de uma forma "especial" de intenção criminosa: uma intenção discriminatória juntamente com a intenção de implementar um plano mais amplo para destruir os grupos discriminados no todo ou em parte, como tal (mens rea).[191] A intenção especial é o elemento-chave da infracção intencional. Caracteriza-se pela relação psicológica entre o estado mental do perpetrador e o resultado físico dos seus actos. [192]No julgamento *Akayesu*, o ICTR reconheceu que a intenção é uma das mais difíceis de determinar. [193]

---

[187] Ibid., par.509;

[188] John E. Ackerman e Eugene O'Sullivan *Prática e Procedimento do Tribunal Penal Internacional para a ex-Jugoslávia. Com materiais seleccionados do Tribunal Penal Internacional para o Ruanda,* Haia: Kluwer Law International, 2000, p. 39;

[189] *Procurador contra Goran Jelisic*, acórdão de 14 de Dezembro de 1999 da Câmara de Julgamento do ICTY, Processo n.º IT-95-10-T, par.71. Disponível na Internet na página Web do ICTY: http://www.un.org/icty/jelisic/trialc1/judgement/jel-tj991214e.pdf. Última visita, 21 de Abril de 2008;

Supra, 206, p. 44;

Ibid;

Ibid, p. 45;

Procurador contra Jean-Paul Akayesu, acórdão da Câmara de Julgamento do ICTR de 2 de Setembro de 1998, ICTR-96-4-T, para.

523 leituras:

(...) a intenção é um factor mental que é difícil, mesmo impossível, de determinar. Esta é a razão pela qual, na ausência de uma confissão do acusado, a sua intenção pode ser inferida a partir de um certo número de presunções de facto. A Câmara considera que é possível deduzir a intenção genocida inerente a um determinado acto acusado a partir do contexto geral da perpetração de outros actos culpáveis sistematicamente dirigidos contra esse mesmo grupo, quer esses actos tenham sido

O *mens rea* específico "[ênfase acrescentada]" do genocídio distingue-o do crime comum. O genocídio é cometido quando o acto é perpetrado com a intenção de destruir, no todo ou em parte, um grupo nacional, étnico, racial ou religioso. É um acto cometido contra um indivíduo devido à sua pertença a um grupo, como um passo no objectivo geral de destruir o grupo.[194] O acto de genocídio exige a prova de que é cometido com um motivo ulterior, que é destruir, no todo ou em parte, um grupo, em que o indivíduo é apenas um elemento. O Homem rea deve ser formado antes da comissão de actos de genocídio.[195][196] O genocídio difere do crime de perseguição, porque no último caso o perpetrador escolhe as suas vítimas porque pertencem a uma comunidade específica, mas não procura necessariamente destruir a comunidade enquanto tal.[197]

Relativamente à proporção do grupo e ao limiar para qualificar os actos como genocídio, a Câmara de Julgamento do ICTY no julgamento *Jelisic* concluiu que a intenção genocida poderia manifestar-se de duas formas: o desejo de extermínio de um número muito grande de membros do grupo e a desejada destruição de um número mais limitado de pessoas seleccionadas pelo impacto que o seu desaparecimento teria na sobrevivência do grupo enquanto tal.[216] A selecção dos líderes de um grupo pode equivaler a um genocídio se os restantes membros forem deportados ou forçados a fugir.[217] A Câmara de Julgamento do ICTY no julgamento *Jelisic* foi da opinião de que, segundo os costumes internacionais, os actos podem ser qualificados como genocídio, mesmo quando a intenção exterminatória se estende a uma zona geográfica limitada. Aceitou que o genocídio pode ocorrer dentro de uma região de um país, mas exprimiu reservas de que poderia ocorrer em áreas restritas no decurso de acontecimentos isolados.[218]

A comunidade internacional e especialmente as Nações Unidas deveriam admitir que têm a responsabilidade de apenas assistir às atrocidades que aconteceram na última metade do século XX. O Ruanda é um exemplo relevante neste sentido, quando as Nações Unidas fecharam os olhos e se recusaram a reconhecer que o genocídio ocorre ali. Esta passividade em nome de uma organização que tem a missão de manter a paz e a segurança internacionais pode ser entendida como um encorajamento dos perpetradores a acreditarem que podem continuar as suas acções sem qualquer obstáculo. A incorporação do artigo 2º da Convenção sobre o Genocídio não fez avançar demasiado a Convenção, porque reconhecendo o genocídio como o crime

---

[214] cometidos pelo mesmo delinquente ou por outros. Outros factores, tais como a escala das atrocidades cometidas, a sua natureza geral, numa região ou num país, ou ainda o facto de se visarem deliberada e sistematicamente as vítimas devido à sua pertença a um determinado grupo, excluindo os membros de outros grupos, podem permitir à Câmara inferir a intenção genocida de um determinado acto.

[214] Ibid, p. 41;

[215] Supra 212, par. 79;

[216] Ibid, par. 82;

[217] Supra 213, p. 40;

[218] Ibid;

[194] *Procurador contra Goran Jelisic*, acórdão de 14 de Dezembro de 1999 da Câmara de Julgamento do ICTY, Processo n.º IT-95-10-T, par.66. Disponível na Internet na página Web do ICTY: http://www.un.org/icty/jelisic/trialc1/judgement/jel-tj991214e.pdf . Última visita, 21 de Abril de 2008;

[195] John E. Ackerman e Eugene O'Sullivan *Prática e Procedimento do Tribunal Penal Internacional para o ex-Jugoslávia. Com materiais seleccionados do Tribunal Penal Internacional para o Ruanda*, Haia: Kluwer Law International, 2000, p. 40;

internacional mais grave, existe a possibilidade de os crimes contra a humanidade e os crimes de guerra receberem menos atenção, quando na realidade são da mesma gravidade que o genocídio.

2.3. Acusação de crimes contra a humanidade cometidos por actores não estatais.

As diferenças entre os principais sistemas jurídicos do mundo estreitam a questão de saber se uma abstracção legal pode cometer um crime e pode ser considerada criminalmente responsável.[198] Não são seres humanos e, consequentemente, não podem agir em tal capacidade. Bassiouni argumenta que a responsabilidade criminal individual é necessária para estabelecer a base de responsabilidade da entidade legal e resulta na responsabilidade derivada dos indivíduos que agiram em nome da entidade. [199]

O artigo 7 (1) do TPI, considerado o chapeau da categoria dos crimes contra a humanidade, declara que crimes contra a humanidade significam os actos enumerados quando cometidos como parte de "um ataque generalizado ou sistemático dirigido contra qualquer população civil".[200] Um "ataque dirigido contra qualquer população civil", é assim definido no parágrafo 7 2(a), como "um curso de conduta envolvendo a prática múltipla de actos referidos no parágrafo 1 contra qualquer população civil, nos termos ou na sequência de uma política de "[ênfase acrescentada]" de um Estado ou *organização* para cometer tal ataque". A política organizacional não necessária significa que deve ser em nome do Estado, pode ser feita por grupos armados de civis, por exemplo, e consequentemente o Estatuto do TPI reconhece que os crimes contra a humanidade também podem ser perpetrados por actores não-estatais. Os estatutos do TPI e dos tribunais ad hoc aplicaram a categoria de crimes contra a humanidade a actores não-estatais. O ICTY no caso *Tadic* declarou que "ao abrigo do direito internacional, os crimes contra a humanidade podem ser cometidos em nome de entidades que exercem um controlo de facto sobre um determinado território, mas sem reconhecimento internacional ou estatuto formal de um Estado *de jure* "[ênfase acrescentada]", ou por um grupo ou organização terrorista".

---

[198] M. Cherif Bassiouni *Crimes Contra a Humanidade em Direito Penal Internacional*, 2ª edição revista, Haia: Kluwer Law International, 1999, p. 378;

[199] Bassiouni também se refere à responsabilidade criminal de uma filiação passiva numa organização. A Carta do Tribunal Militar Internacional em arte. 9 e 10 forneceu uma base para a responsabilidade criminal de grupos e organizações. Nestes artigos afirma-se que uma organização ou grupo pode ser declarado criminoso trazendo consigo a responsabilidade criminosa dos indivíduos.
Ibid., p. 379;

[200] Ver artigo 7 do Estatuto de Roma, disponível na Internet na base de dados do Tratado da ONU: http://untreaty.un.org/cod/icc/statute/romefra.htm Última visita, 17 de Abril de 2008;

201202

O Artigo 18 do Projecto de Código de Crimes contra a Paz e Segurança da Humanidade do ILC de 1996 reflecte o entendimento de que os crimes contra a humanidade podem ser cometidos por actores não estatais: "Um crime contra a humanidade significa qualquer dos seguintes actos, quando cometido de forma sistemática ou em larga escala e instigado ou dirigido por um Governo ou por qualquer organização ou [223] grupo".

Temos de considerar também o conceito "generalizado e sistemático" que coloca alguma exigência ao actor não estatal. Aborda a forma como a vitimização em larga escala ocorreu e refere-se também à natureza do acto. [203]Tem um elemento jurídico internacional que distingue os crimes de vitimização em massa dos crimes contra a humanidade. A presença de política organizacional pode exigir controlo sobre o território para poder implementá-lo. Mas Peter Finell observa, "nem estes instrumentos nem a jurisprudência do ICTY ou do ICTR parecem exigir que um actor não estatal tenha de possuir controlo ou domínio sobre um povo ou um território para poder cometer crimes contra a humanidade, pelo que se poderia argumentar que este requisito já não se aplica". [204]Benjamin B. Ferencz, um ex-Procurador no julgamento de crimes de guerra de Nuremberga, considerou os ataques de 11 de Setembro como crimes contra a humanidade[205]. Isto pode apoiar a opinião de que o controlo sobre um território e populações não é necessário para aplicar crimes contra a humanidade como cometidos por actores não estatais".

O direito internacional desenvolve-se e abre novas possibilidades de responsabilizar também as corporações por crimes contra a humanidade e genocídio. Em 1946, o Tribunal de Nuremberga condenou à pena de morte a editora de um boletim semanal que promovia o anti-semitismo. Sustentou que esta publicação "infectou a mente alemã com o vírus do anti-semitismo e incitou o povo alemão a uma perseguição activa".[206] O Tribunal

---

[201] *Procurador contra Dusko Tadic*, caso n°. IT-94-1, Câmara de Julgamento II, Opinião e Julgamento, 7 de Maio 1997, no parágrafo. 654. Disponível na página web do ICTY em http://www.un.org/icty/tadic/trialc2/judgement/tad-tsj70507JT2- e.pdf. Última visita, 17 de Abril de 2008;

[202] Projecto de Código dos Crimes contra a Paz e a Segurança da Humanidade, 1996. Disponível na Internet na base de dados de tratados da ONU: http://untreaty.un.org/ilc/texts/instruments/english/draft%20articles/7 41996.pdf. Última visita, 16 de Abril de 2008;

[203] "Accountability under Human Rights Law and International Criminal Law for Atrocities Against Minority Groups Committed by Non-State Actors" de Peter Finell, Abo Akademi Institute for Human Rights, Maio de 2002, p. 42, disponível na Internet em http://web.abo.fi/instut/imr/norfa/peter.pdf. Última visita em 24 de Março de 2008;

[204] Ibid., p. 43;

[205] Benjamin B. Ferencz "Crimes Contra a Humanidade", transcrição, entrevista da Rádio Pública Nacional de "O Mundo", 19 de Setembro de 2001". Disponível na Internet em: http://www.benferencz.Org/.http://www.benferencz.org/audio.html. Última visita, 16 de Abril de 2008;

[206] "Direito internacional - Genocídio. O Tribunal da ONU considera que o discurso de ódio dos meios de comunicação social constitui genocídio, incitação ao genocídio e crimes contra a humanidade".casos recentes. 117 Harv. L. Rev. 2769 (Harvard

do Ruanda construiu um caminho que pode abrir novas possibilidades para a responsabilização empresarial. No caso[207] dos *Media*, a Câmara de Julgamento do ICTR reconheceu a facilitação empresarial de crimes contra a humanidade como um crime internacional.[208] O caso envolveu a acusação e condenação de directores empresariais de uma estação de rádio e de um jornal. A Câmara de Julgamento considerou-os culpados de genocídio, incitação directa e pública ao genocídio, conspiração para cometer genocídio, e dois crimes contra a humanidade (perseguição e extermínio).[209] Através deste julgamento, o ICTR estabeleceu uma futura fundação de trabalho, mesmo que os indivíduos fossem condenados (o ICTR tem jurisdição apenas sobre indivíduos). Este caso constituiu um passo em frente ao reconhecer a responsabilidade criminal das empresas. O Tribunal identifica certos actos empresariais como genocídio e crimes contra a humanidade. O tribunal declarou que o jornal Kangura "(...) abriu caminho para o genocídio no Ruanda, lançando a população Hutu num frenesim de matança". [210]Verificou-se que a estação de rádio RTLM apelava explicitamente ao extermínio da população Tutsi.[211] Neste contexto, deve ser notado ICTR

Conclusões da Câmara de Julgamento:

"RTLM fez o que Nahimana queria que ela fizesse. Foi "fundamental para despertar a população maioritária" e para mobilizar a população para se erguer contra o inimigo Tutsi. RTLM foi a arma de escolha de Nahimana, que ele utilizou para instigar a matança de civis Tutsi. Por esta razão, a Câmara declara Nahimana culpado de genocídio nos termos do artigo 6(1) do seu estatuto". [212]

Alguns autores, como Rebecca M. Bratspies, consideram que o caso dos *Media* reconheceu que

as entidades empresariais podem cometer genocídio, mesmo que indivíduos no caso do ICTR nos *meios de comunicação social* sejam condenados. [213]

Law Review), Junho, 2004, p. 2769. Disponível na base de dados Westlaw. Última visita, 22 de Abril de 2008;

[207] *Procurador contra Nahimana, Barayagwiza, & Ngeze,* caso nº. ICTR-99- 52-T, julgamento e sentença da Câmara de Julgamento do ICTR de 3 de Dezembro de 2003. Os arguidos foram: Ferdinand Nahimana, o fundador e ideólogo principal da Radio-Television Libre des Milles Collines (RTLM); Hassan Ngeze, o fundador, e editor-chefe do jornal Kangura; e Jean-Bosco Barayagwiza, um executivo da RTLM, e líder do partido político Coalition pour la Defense de la Republique (CDR);

[208] No Ruanda, não se tratou de um conflito internacional e o Estatuto do ICTR foi lido como afirmando que os direitos humanos e o direito humanitário se aplicam em todos os contextos e não apenas na esfera internacional. O Estatuto do ICTR reconhece na arte. 4 que "o Tribunal Internacional para o Ruanda tem o poder de processar as pessoas que cometam ou ordenem cometer violações graves do Artigo 3 comum às Convenções de Genebra de 12 de Agosto de 1949 para a Protecção das Vítimas de Guerra, e do seu Protocolo Adicional II de 8 de Junho de 1977";

[209] Supra 228, parágrafo 1091;

[210] Ibid., para. 950;

Ibid, par. 974;

Ibid;

Rebecca M. Bratspies "Órgãos da sociedade": um apelo à responsabilização em matéria de direitos humanos para os prémios transnacionais

2.3.1. As características dos crimes contra a humanidade.

A Carta de Nuremberga definiu em primeiro lugar os crimes contra a humanidade no seu artigo 6 (c): "(...) homicídio, extermínio, escravatura, deportação e outros actos desumanos cometidos contra qualquer população civil, antes ou durante a guerra; ou perseguições por motivos políticos, raciais ou religiosos na execução ou em conexão com qualquer crime dentro da jurisdição do Tribunal, em violação ou não do direito interno do país onde foi cometido"[214] Os crimes contra a humanidade foram incluídos nos estatutos do ICTR e do ICTY. A codificação mais importante está, no entanto, no Estatuto de Roma.[215] A definição do TPI é um reflexo do desenvolvimento do direito internacional. Antonio Cassese menciona que as seguintes classes de delitos constituem crimes contra a humanidade: [216]

- Homicídio, que é homicídio intencional, premeditado ou não;

232
233
234

e outras entidades comerciais" 13 Mich. St. J. Int'l L 9, p. 24. Disponível na base de dados Westlaw. Última visita, 22 de Abril de 2008;

- Exterminação, que constitui assassinatos em massa ou em grande escala. [217]

- Escravatura. Segundo o Estatuto da ICC, a escravatura é "(...) o exercício de qualquer ou todos os poderes inerentes ao direito de propriedade sobre uma pessoa e inclui o exercício de tal poder no decurso do tráfico de pessoas, em particular de mulheres e crianças". (Art. 7(2)(c) do Estatuto de Roma). Isto também viola a arte. 8 do ICCPR: "Ninguém será mantido em escravatura; é proibida a escravatura e o tráfico de escravos sob todas

---

[214] O texto da Carta do IMT está disponível na Internet em http://www.yale.edu/lawweb/avalon/imt/proc/imtconst.htm. Última visita, 18 de Abril de 2008;

[215] Ver artigo 7 do Estatuto de Roma, disponível na Internet na base de dados do Tratado da ONU: http://untreaty.un.org/cod/icc/statute/romefra.htm Última visita, 17 de Abril de 2008;

[216] Antonio Cassese *International Criminal Law*, Oxford: Oxford University Press, 2003, p. 74-79;

[217] O ICTY no caso *Krstic* ofereceu uma definição de exterminação: "(...) para que os crimes de extermínio sejam estabelecidos, para além dos requisitos gerais de um crime contra a humanidade, deve haver provas de que uma determinada população foi alvo e de que os seus membros foram mortos ou sujeitos a condições de vida calculadas para provocar a destruição de uma parte numericamente significativa da população". (§503)
Procurador contra Radislav Krstic, julgamento da Câmara de Julgamento do ICTY, IT- 98-33, 2 de Agosto de 2001. Disponível na Internet na página web do ICTY: http://www.un.org/icty/krstic/TrialC1/judgement/krs-tj010802e.pdf Última visita em Abril, 17 de Abril de 2008. A definição de crimes contra a humanidade está também contida no ICTR em *Akayesu* (§§591-2), *Kambanda* (§§141-7), *Kayishema e Ruzindana* (§§141-7);

as suas formas". [218]

- Deportação ou transferência forçada da população, que é "(...) a deslocação forçada das pessoas em causa por expulsão ou outros actos coercivos da zona em que se encontram legalmente presentes, sem motivos permitidos pelo direito internacional" (artigo 7(2)(d) do Estatuto) [219]

- A prisão é uma grave privação da liberdade física, em violação das regras do direito internacional.[220] A Câmara de Julgamento III do ICTY nos casos *Kordic* e *Cerkez* ofereceu uma definição de encarceramento: "(...) a pena de prisão prevista no artigo 5(e) do Estatuto deve ser entendida como prisão arbitrária, ou seja, a privação de liberdade do indivíduo sem o devido processo legal, como parte de um ataque generalizado ou sistemático dirigido contra uma população civil.(...)" [221]Isto também viola o artigo 9 do ICCPR: "Toda a pessoa tem direito à liberdade e à segurança da pessoa. Ninguém pode ser sujeito a prisão ou detenção arbitrária. Ninguém pode ser privado da sua liberdade, excepto pelos motivos e de acordo com os procedimentos estabelecidos por lei". [222]

- Tortura, que é, nos termos do artigo 7(2)(e) do Estatuto do TPI, "(...) a inflicção intencional de dor ou sofrimento severo, seja físico ou mental, a uma pessoa sob custódia ou controlo do acusado; excepto que a tortura não inclui a dor ou sofrimento resultantes apenas de sanções legais, inerentes ou acessórias (...)".

- A violência sexual, Antonio Cassese considera que esta classe de delitos inclui: (1) violação, que é definida pela Câmara de Julgamento do ICTR no julgamento de *Akayesu* como "(...) forma de agressão e que os elementos centrais do crime de violação não podem ser capturados numa descrição mecânica de objectos e partes do corpo".[223] (2) escravidão sexual, (3) prostituição forçada, (4) gravidez forçada que significa "(...) o

---

[218] Pacto Internacional sobre os Direitos Civis e Políticos, G.A. res. 2200A (XXI), 21 U.N. GAOR Sup. (No. 16) a 52, U.N. Doc. A/6316 (1966), 999 U.N.T.S. 171, entrou em *vigor em* 23 de Março de 1976;

[219]O ICTY também salientou em *Krstic* que "[b]oda deportação e transferência forçada está relacionada com a evacuação involuntária e ilegal de indivíduos do território em que residem. No entanto, os dois não são sinónimos no direito internacional consuetudinário. A deportação pressupõe a transferência para além das fronteiras do Estado, enquanto que a transferência à força diz respeito a deslocações dentro de um Estado".
Procurador versus Radislav Krstic, ICTY Trial Chamber judgment, IT- 98-33, 2 de Agosto de 2001, par. 521. Disponível na Internet na página web do ICTY: http://www.un.org/icty/krstic/TrialC1/judgement/krs-tj010802e.pdf. Última visita, 17 de Abril de 2008;

[220] Supra, 237, p. 77;

[221] *Procurador contra Dario Kordic e Mario Cerkez,* processo IT-95-14/2, acórdão da Câmara de Julgamento do ICTY de 26 de Fevereiro de 2001, par. 302-303. Disponível na Internet na página do ICTY: http://www.un.org/icty/kordic/trialc/judgement/kor-tj010226e.pdf. Última visita, 17 de Abril de 2008;

222 Pacto Internacional sobre os Direitos Civis e Políticos, G.A. res. 2200A (XXI), 21 U.N. GAOR Sup. (No. 16) a 52, U.N. Doc. A/6316 (1966), 999 U.N.T.S. 171, entrou em vigor em 23 de Março de 1976;

223 Procurador contra Jean-Paul Akayesu, Processo n° ICTR-96-4-T ,Acórdão de 2 de Setembro de 1998, para. 597;

confinamento ilegal de uma mulher engravidada à força, com a intenção de afectar a composição étnica de qualquer população ou de levar a cabo outras graves violações do direito internacional". Esta definição não deve de forma alguma ser interpretada como afectando as leis nacionais relativas à gravidez". (Artigo 7 (2) (f) do Estatuto do TPI), (5) esterilizações forçadas e (6) outras formas de violência sexual de gravidade comparável. [224]

- A perseguição é definida pelo artigo 7 (2) (g) como "(...) a privação intencional e grave dos direitos fundamentais contrária ao direito internacional em razão da identidade do grupo ou da colectividade".

- O desaparecimento forçado para efeitos do artigo 7(2)(i) do Estatuto do TPI significa "(...) a prisão, detenção ou rapto de pessoas por, ou com autorização, apoio ou aquiescência de, um Estado ou organização política, seguido de recusa de reconhecer essa privação de liberdade ou de dar informações sobre o destino ou o paradeiro dessas pessoas, com a intenção de as retirar da protecção da lei por um período prolongado de tempo".

- Apartheid no entendimento do artigo 7(2)(h) do Estatuto do TPI significa "actos desumanos de carácter semelhante aos referidos no parágrafo 1, cometidos no contexto de um regime institucionalizado de opressão e dominação sistemática por um grupo racial sobre qualquer outro grupo ou grupos raciais e cometidos com a intenção de manter esse regime".

- Outros actos desumanos de carácter e gravidade semelhantes que causem intencionalmente grande sofrimento, ou lesões graves ao corpo ou à saúde mental ou física. [225]

Cassese identifica dois tipos de crimes contra a humanidade: "tipo homicídio" e "tipo perseguição". Os crimes do tipo "assassinato" são perpetrados contra qualquer população civil, ou seja, pessoas que não sejam combatentes legais, quer fossem ou não civis a combater nas forças militares inimigas. Os crimes do tipo "perseguição" são perpetrados também contra pessoal militar.

Ao analisar os elementos subjectivos dos crimes contra a humanidade, os tribunais identificaram três pontos. O primeiro é a *intenção* "[ênfase acrescentada]" ou seja, como A. Cassese considera, a intenção de obter um determinado resultado e é normalmente exigida para que um acusado seja considerado culpado deste tipo de

---

[224] Antonio Cassese *International Criminal Law*, Oxford: Oxford University Press, 2003, p. 79;
[225] Ibid., p. 80;

crimes. Em segundo lugar, é *necessário estar consciente do risco* "[ênfase acrescentada]" que esta acção comporta, especialmente para aqueles que actuam como agentes do sistema.[226] Em terceiro lugar, o agente deve estar *ciente da ligação* "[ênfase acrescentada]" entre a sua má conduta e uma política ou uma prática sistemática.[227] A. Cassese também menciona que como parte do *mens rea* "[ênfase acrescentada]" não é exigido que o perpetrador tenha um estado de espírito especificamente racista ou desumano.[228] O elemento subjectivo de mens rea no caso de crimes contra a humanidade não se limita apenas à intenção. Tem um elemento adicional que os distingue dos crimes de guerra; é na opinião de A. Cassese, "conhecimento de que os crimes fazem parte de uma política sistemática ou de abusos generalizados e em larga escala".

A jurisprudência indica que não só indivíduos agindo na qualidade oficial ou em nome de órgãos do Estado podem cometer crimes contra a humanidade. Os indivíduos que agem na sua capacidade privada também podem cometer tais crimes. As condições são para agir em uníssono e encontrar delitos numa política geral do Estado.[229] A Câmara de Julgamento do ICTY rege os casos em que os autores de crimes contra a humanidade são indivíduos que não têm estatuto oficial nem agem em nome de uma autoridade governamental. Considera que deve ser uma aprovação ou endosso explícito ou implícito por parte das autoridades estatais ou governamentais de que existe uma política de incentivo à prática de tais crimes ou que estes se podem enquadrar numa tal política. [230] A [231]existência de uma política geral do Estado não significa necessariamente que os indivíduos que cometem estes crimes actuem em nome do Estado. Consequentemente, podem cometer crimes contra a humanidade na sua capacidade privada, mas o Estado pode ainda ser responsável por promover uma política que encoraje a prática deste tipo de 252

---

[226] Ibid., p. 81;

[227] No acórdão *Tadic* da Câmara de Recurso do ICTY, foi considerado que "o acusado deve ter *sabido* que os seus actos se enquadravam num tal padrão". No entanto, não há nada no Estatuto que imponha a imposição de uma condição *adicional* de que os actos em questão não devem ser cometidos por razões puramente pessoais, excepto na medida em que esta condição seja uma consequência ou uma nova declaração das outras duas condições mencionadas"(§ 248).
Procurador contra Dusko Tadic, acórdão da Câmara de Recurso do ICTY de 15 de Julho de 1999, processo IT-94-1-A. Disponível na página web do ICTY: http://www.un.org/icty/tadic/appeal/judgement/tad-ai 990715e.pdf . Última visita, 17 de Abril de 2008;

[228] Antonio Cassese *International Criminal Law*, Oxford: Oxford University Press, 2003, p. 82;

[229] Ibid., p. 83;

[230] John E. Ackerman e Eugene O'Sullivan *Prática e Procedimento do Tribunal Penal Internacional para a ex-Jugoslávia".
Com materiais seleccionados do Tribunal Penal Internacional para o Ruanda*, Haia: Kluwer Law International, 2000, p. 55;

[231] No caso da Nicarágua, o ICJ concluiu que mesmo que os EUA fornecessem os Contras e exercessem alguma direcção sobre a sua selecção de alvos e planeamento militar, não era responsável pelos actos particulares que pudessem cometer em violações da lei da guerra. O raciocínio do ICJ sugere que um Estado pode ser responsável por crimes contra a humanidade se encorajar um actor não estatal a cometer tais crimes. In paragraf 108 of the judgment *Military and Paramilitary Activities in and against Nicaragua (Nicaragua* v. *Estados Unidos da América)*. Méritos, Juízo. I.C.J. Reports 1986, p. 14.it reads:

"Apesar da grande quantidade de provas documentais e testemunhos que examinou, o Tribunal não conseguiu certificar-se de que o Estado requerido "criou" a contra-força na Nicarágua. (...)". O acórdão está disponível na Internet na página web do ICJ: http://www.icj-cij.org/docket/index.php?p1=3&k=66&case=70&code=nus&p3=4 . Última visita, 19 de Abril de 2008;

crimes.

2.3.2. A perseguição como um crime contra a humanidade.

Uma definição de perseguição foi proposta pelo ICTY em *Kupreskic e outros*. A Câmara de Julgamento considerou os arguidos como culpados de perseguição: "(...) o assassinato deliberado e sistemático de civis muçulmanos bósnios", bem como a sua "detenção organizada e expulsão de Ahmici" podem constituir perseguição. Isto porque estes actos são qualificados como homicídio, prisão e deportação, os quais são explicitamente mencionados no Estatuto, nos termos do Artigo 5º". [232]A Câmara de Julgamento também concluiu que " (...) os ataques a bens podem constituir perseguição.

A Câmara de Julgamento do ICTY considerou necessário examinar o direito consuetudinário e definiu algumas subcategorias que constituem o crime de perseguição: a destruição e pilhagem da propriedade: destruição de cidades, aldeias e outros bens, quer sejam propriedade de particulares ou do Estado. A Câmara de Julgamento do ICTY no *Ministério Público contra a* sentença *Kupreskic* de 14 de Janeiro de 2000 foi da opinião que os ataques a bens podem constituir perseguição [233]e também a detenção ilegal de civis. Isto significa a privação ilegal de um grupo da sua liberdade, a deportação ou a transferência forçada de civis.[234] Em caso de perseguição, deveria ser uma prova de comissão generalizada e sistemática. No crime de genocídio, a intenção criminosa é destruir o grupo ou os seus membros; no crime de perseguição, a intenção

---

[232] *Procurador contra Zoran Kupreskic e outros*, julgamento da Câmara de Julgamento do ICTY de 14 de Janeiro de 2000, IT-95-16, par. 629. Disponível na Internet na página web do ICTY:http://www.un.org/icty/kupreskic/trialc2/iudgement/kup-tj000114e.pdf. Última visita, 17 de Abril de 2008;

[233] Ibid, par. 631:
(...) Pode haver certos tipos de bens cuja destruição pode não ter um impacto suficientemente grave na vítima para constituir um crime contra a humanidade, mesmo que tal destruição seja perpetrada por motivos discriminatórios: um exemplo é a queima do carro de alguém (a menos que o carro constitua um bem indispensável e vital para o proprietário). No entanto, o caso em questão diz respeito à destruição total de casas e bens. Um tal ataque à propriedade constitui, de facto, uma destruição do modo de vida de uma certa população (...)
Disponível na Internet na página web do ICTY: http://www.un.org/icty/kupreskic/trialc2/judgement/kup-tj000114e.pdf. Visitado pela última vez em 20 de Abril de 2008;

[234] Bassiouni define o crime de perseguição como o seguinte:
Acção ou política do Estado" conducente à infligência a um indivíduo de assédio, tormento, opressão ou medidas discriminatórias, concebidas ou susceptíveis de produzir sofrimento físico ou mental ou danos económicos, devido às crenças, opiniões ou pertença da vítima a um determinado grupo identificável (religioso, social, étnico, linguístico, etc.), ou simplesmente porque o perpetrador procurou destacar uma determinada categoria de vítimas por razões peculiares ao perpetrador.

M. Cherif Bassiouni *Crimes Contra a Humanidade em Direito Penal Internacional*, 2ª edição revista, Haia: Kluwer Law International, 1999, p. 327

criminosa é, pelo contrário, discriminar à força um grupo ou os seus membros, violando grosseira e sistematicamente os seus direitos humanos fundamentais. [235]A Câmara de Julgamento do ICTY decidiu que a perseguição pode ser acusada e processada separadamente e não precisa de estar ligada a qualquer outro delito encontrado no Estatuto. [236]

Para o *actus reus* "[ênfase acrescentada]" da perseguição, a Câmara de Julgamento do ICTY observou que "a perseguição é uma forma de discriminação com base na raça, religião ou opinião política" que se pretende que seja uma violação dos direitos fundamentais do indivíduo. Não é necessário ter um

acto separado de natureza desumana para constituir perseguição; a discriminação torna o acto desumano. A Câmara não excluiu essa possibilidade de um único acto poder ser perseguição se houver intenção discriminatória. Se um indivíduo participar num único homicídio de uma pessoa e tiver a intenção de matar essa pessoa por motivos políticos, raciais ou religiosos e o homicídio fizer parte de um ataque de perseguição generalizada e sistemática contra a população civil, este único homicídio pode equivaler a perseguição. Os [237]motivos discriminatórios no artigo 7 do Estatuto de Roma referem-se a motivos políticos, raciais, nacionais, étnicos, culturais, religiosos, de género, ou outros que também são reconhecidos como inadmissíveis ao abrigo do direito internacional.

2.4. Limpeza étnica

Este termo tem uma origem recente e refere-se a tornar um território "limpo" de um grupo populacional. Foi utilizado na Alemanha nazi, com o termo *Judenrein*, que significa "limpo de judeus". Este termo abrange diferentes actos delicados que visam expulsar membros de um grupo étnico ou religioso da sua área de origem, a fim de reduzir o seu número.[238]A Comissão de Peritos criada nos termos da Resolução 780 (1992) do Conselho de Segurança no seu Relatório Final de 27 de Maio de 1994 sobre a limpeza étnica no que respeita aos acontecimentos na Bósnia-Herzegovina vê a limpeza étnica como "uma política intencional concebida por um grupo étnico ou religioso para remover por meios violentos e inspiradores de terror a

---

[235] Ibid, para. 751;

[236] John E. Ackerman e Eugene O'Sullivan *Prática e Procedimento do Tribunal Penal Internacional para a ex-Jugoslávia. Com materiais seleccionados do Tribunal Penal Internacional para o Ruanda*, Haia: Kluwer Law International, 2000, p. 59;

[237] Ibid., p. 64;

[238] John Quigley "State Responsibility for Ethnic Cleansing" 32 U.C. Davis Law Review. 341, Winter, 1999, p. 344. Disponível na base de dados Westlaw. Última visita, 19 de Abril de 2008;

população civil de outro grupo étnico ou religioso de determinadas áreas geográficas".[239] Tem o propósito de excluir um grupo de um território e é feita em nome da vingança, de reivindicações históricas, etc.

A resolução 47/121 da Assembleia Geral referia-se "à repugnante política de "limpeza étnica", que é uma forma de genocídio", como sendo levada a cabo na Bósnia e Herzegovina.[240] O termo "limpeza étnica" tem sido frequentemente referido aos acontecimentos na Bósnia-Herzegovina que são objecto deste caso *"Aplicação da Convenção sobre a Prevenção e Punição do Crime de Genocídio (Bósnia-Herzegovina v. Sérvia e Montenegro)"*. " O ICJ considerou que a limpeza étnica só pode ser uma forma de genocídio na acepção da Convenção sobre o Genocídio, se corresponder ou se enquadrar numa das categorias de actos proibidos pelo artigo II da Convenção:

Nem a intenção, por uma questão de política, de tornar uma área "etnicamente homogénea", nem as operações que podem ser realizadas para implementar tal política, podem ser designadas como genocídio: a intenção que caracteriza o genocídio é "destruir, no todo ou em parte" um determinado grupo, e a deportação ou deslocação dos membros de um grupo, mesmo que efectuada pela força, não é necessariamente equivalente à destruição desse grupo, nem tal destruição é uma consequência automática da deslocação.(...) [241]

Em *Jorgic versus Alemanha*, processo de 12 de Julho de 2007, a CEDH reviu o acórdão do TJI e no parágrafo 108 do acórdão declarou: "Consequentemente, os actos do requerente, que cometeu no decurso da limpeza étnica na região de Doboj com intenção de destruir o grupo de muçulmanos como unidade social, poderiam razoavelmente ser considerados como estando abrangidos pelo âmbito do delito de genocídio".[242] O termo limpeza étnica num sentido mais amplo, como "deportação forçada", é visto como um crime contra a humanidade ao abrigo do Estatuto de Roma e do ICTY. Se a limpeza étnica for considerada como um crime contra a humanidade, a presença de política estatal neste sentido parece necessária, mas como discutimos acima, não é uma condição absoluta para que este crime seja cometido por actores não-estatais. Ainda há discussões entre estudiosos e investigadores se a limpeza étnica pode equivaler a genocídio ou crime contra a humanidade, mas o que é evidente é que é uma violação grosseira dos direitos humanos que é bastante difícil de enquadrar, especialmente quando actores não estatais a cometem.

---

[239] Relatório Final da Comissão de Peritos criada nos termos da Resolução 780 (1992) do Conselho de Segurança, 27 de Maio de 1994, par. 56. U.N. SCOR, Anexo 1, em 33,U.N. Doc. S/1994/674 (1994);

[240] A/RES/47/121, 91ª reunião plenária, 18 de Dezembro de 1992;

[241] *Aplicação da Convenção sobre a Prevenção e Punição do Crime de Genocídio* (Bósnia e Herzegovina v. Sérvia e Montenegro) Pará. 190. Acórdão de 26 de Fevereiro de 2007. Disponível na página web do ICJ na Internet: http://www.icj-cij.org/docket/index.php?p 1 =3&k=f4&case=91 &code=bhy&p3=4 . Última visita, 19 de Abril de 2008;

[242] Além disso, no parágrafo 111 da CEDH era de opinião que: "(...) no momento material, o âmbito do Artigo II da Convenção sobre o Genocídio, no qual se baseia o Artigo 220a do Código Penal, foi contestado entre os estudiosos no que diz respeito à definição de "intenção de destruir um grupo". Enquanto a maioria dos escritores jurídicos considerou que a limpeza étnica, na forma como foi levada a cabo pelas forças sérvias na Bósnia e Herzegovina para expulsar muçulmanos e croatas das suas casas, não constituía genocídio, um número considerável de estudiosos sugeriu que estes actos equivaliam, de facto, a genocídio". Acórdão ECHR de 12 de Julho de 2007 *Jorgic versus Alemanha*, requerimento 74613/01;

Conclusões

Os actores não estatais constituem uma ameaça aos direitos humanos e o reconhecimento da sua responsabilização trará mais protecção aos direitos humanos. Esta tese tinha como objectivo examinar alguns problemas de responsabilização dos actores não estatais por genocídio e crimes contra a humanidade e investigar os meios existentes para assegurar esta responsabilização. O direito dos direitos humanos e o direito penal internacional ao abrigo do qual o genocídio e os crimes contra a humanidade são examinados são diferentes ramos do direito. O direito dos direitos humanos obriga os Estados a respeitar e proteger os direitos humanos no seu território, enquanto o direito penal internacional se aplica a indivíduos que cometeram crimes internacionais. Apesar das diferenças, o direito internacional dos direitos humanos e o direito penal internacional protegem valores semelhantes e complementam-se mutuamente. [243]

Os desenvolvimentos actuais do direito internacional dos direitos humanos permitem-nos afirmar que a responsabilidade do Estado não é a única forma de assegurar a responsabilização por violações serosas do direito dos direitos humanos. O Tribunal Interamericano dos Direitos Humanos desenvolveu a doutrina da diligência devida que foi utilizada e confirmada por outros organismos regionais e de monitorização de tratados. Segundo ela, os Estados são também responsáveis pelas violações dos direitos humanos de actores não estatais, tais como grupos armados, corporações ou indivíduos, se não conseguirem prevenir, investigar e punir tais actos. A Comissão de Direitos Humanos da ONU, no seu Comentário Geral 27 do ICCPR, expressou a mesma posição de que os Estados são obrigados a proteger as minorias das ameaças vindas do lado privado. Consequentemente, os Estados podem ser responsáveis, ao abrigo da lei dos direitos humanos, por violações cometidas por actores não estatais.

Quando as violações dos direitos humanos equivalem a genocídio e crimes contra a humanidade, a função complementar do direito penal internacional instala-se.[244] O genocídio e os crimes contra a humanidade estão incluídos na jurisdição do Tribunal Penal Internacional que funcionará também como um instrumento preventivo para actores não estatais que possam cometer genocídio.

Para além dos mecanismos internacionais de responsabilização dos actores não estatais, existem também tribunais nacionais que, em alguns casos, podem revelar-se um instrumento bastante eficaz contra a

---

[243] Peter Finell "Accountability under Human Rights Law and International Criminal Law for Atrocities Against Minority Groups Committed by Non-State Actors", Abo Akademi Institute for Human Rights, Maio de 2002, p. 54, disponível na Internet em http://web.abo.fi/instut/imr/norfa/peter.pdf . Última visita em 24 de Março de 2008;
[244] Ibid, p. 55;

impunidade. Delito civil alienígena

A Claims Act nos Estados Unidos deu oportunidade às vítimas de violações dos direitos humanos de processar empresas nos tribunais americanos. Mas ainda há necessidade de desenvolver mecanismos mais fortes e mais precisos a nível internacional para tornar as corporações responsáveis pelas violações dos direitos humanos. Há também novos desenvolvimentos no direito internacional como a Geneva Call que contém algumas obrigações em matéria de direitos humanos para os grupos armados e alguns mecanismos incipientes para os responsabilizar. Há ainda outra área de desenvolvimento: como aumentar o cumprimento das regras que regem os conflitos armados internos e os princípios dos direitos humanos por parte dos grupos armados. Chris Jochnick sugere que a responsabilidade deve corresponder à influência dos actores não estatais e à proximidade das violações. [245] [246] [247] Obrigações processuais tais como transparência, monitorização, declarações de impacto, participação podem ser um ponto de partida eficaz para fazer com que os actores não estatais cumpram os direitos humanos. O impacto destes procedimentos está ainda por ser avaliado.

A criação do Tribunal Penal Internacional forneceu à comunidade internacional um instrumento para abordar o genocídio e os crimes contra a humanidade cometidos por indivíduos. O Estatuto de Roma é adequado para abordar também as ameaças contra a ordem pública provenientes de diferentes actores não estatais. 267 É importante notar que a criminalização do genocídio e dos crimes contra a humanidade ao abrigo do Estatuto de Roma não substitui o regime de direitos humanos e a responsabilidade dos Estados, mas estes dois regimes podem ser considerados complementares, a fim de ter uma protecção mais forte dos direitos humanos. Os crimes contra a humanidade foram codificados no Estatuto de Roma que, espera-se, venha a revelar-se um instrumento eficaz para perseguir estas violações. É importante notar que o limiar de existência de um conflito armado não internacional não é mais baixo no Estatuto de Roma do que no Protocolo adicional II das Convenções de Genebra como comandantes responsáveis, nem é necessário o controlo sobre uma parte do território por parte de um actor não estatal no primeiro. 268

Algumas acções potenciais que podem ser tomadas a fim de assegurar uma melhor responsabilização dos actores não estatais neste momento podem ser um apoio contínuo no desenvolvimento de normas internacionais no que diz respeito à responsabilização dos actores não estatais, desenvolvimento de ferramentas práticas para promover a responsabilização das empresas, como as Avaliações do Impacto dos

---

[266] Chris Jochnick "Confrontando a Impunidade de Actores Não Estatais: Novos Campos para a Promoção dos Direitos

21 Hum. Rts. Q, 1999, p. 56-79. Disponível em Heinonline. Última visita, 9 de Maio de 2008;
[246] Supra 264, p. 56;
[247] Ibid;

visitado em 9 de Maio

Direitos Humanos[248] que ajudam as empresas a avaliar as suas políticas em termos de direitos humanos, acompanhar o trabalho da Comissão de Construção da Paz das Nações Unidas, porque também aborda as responsabilidades dos actores não estatais em situações de conflito e o apoio a litígios e advocacia em tribunais nacionais e internacionais, a fim de permitir às vítimas de violações dos direitos humanos procurarem justiça e reparações por parte de actores não estatais. Este processo apoiará a criação de novas normas legais que permitirão um maior desenvolvimento de mecanismos de responsabilização dos actores não-estatais.

Num mundo de crescente pobreza e marginalização, a necessidade de uma compreensão mais ampla da responsabilização por violações dos direitos humanos é grande devido a fenómenos como a globalização e o desenvolvimento de novas formas de comunicação. Para que os direitos humanos permaneçam relevantes, devem incluir novos actores, e não apenas Estados que constituam uma ameaça à dignidade humana. Caso contrário, os mecanismos de direitos humanos que temos hoje no futuro correrão o risco de carecer de eficácia.

---

[248] Ver para mais detalhes a página web de Direitos e Democracia (Centro Internacional para os Direitos Humanos e Desenvolvimento Democrático): http7/www.dd-rd.ca/site/publications/mdex.php?id=1993&page=2&subsection=catalogue. Último

Bibliografia

Livros

Uma introdução à protecção internacional dos direitos humanos, [2ª] edição revista, editada por Raija Hanski e Markku Suksi, Instituto de Direitos Humanos, Universidade Académica de Abo, 1999;

Ackerman, John E. e O'Sullivan, Eugene *Prática e Procedimento do Tribunal Penal Internacional para a ex-Jugoslávia. Com materiais seleccionados do Tribunal Penal Internacional para o Ruanda,* Haia: Kluwer Law International, 2000;

Bassiouni, M. Cherif *Crimes contra a Humanidade em Direito Penal Internacional,* [2ª] edição revista, Haia: Kluwer Law International, 1999;

Cassese, Antonio *International Law,* Oxford: Oxford University Press, [2ª] edição, 2005;

Clapham, Andrew *Human Rights Obligations of Non-State Actors,* Academy Of European Law, European University Institute, Oxford University Press, USA, The collected courses of the Academy of European Law. XV/1 2006;

de Than, Claire and Shorts, Edwin *International Criminal Law and Human Rights,* Sweet and Maxwell, Londres, 2003;

Meron, Theodor. *Os Direitos Humanos na Luta Interna: A sua Protecção Internacional,* Cambridge: Grotius, 1987;

Steiner, J. Henry, Aston, Philip *International human rights in context: law, politics, morals,* [2nd] edition, Oxford University Press, 2000;

Ratner, Steven R., Abrams, Jason S. *Accountability for human rights atrocities in international law: Para além do legado de Nuremberga,* 2ª ed. - Oxford: Oxford University Press, 2001;

Schabas, William A *Genocide in International Law: Os Crimes dos Crimes,* Universidade Nacional da Irlanda, Galway, Cambridge University Press;

Shelton, Dinah *Remedies in international human rights law,* [2ª] edição, Oxford University Press, 2005;

Tomasevski, Katarina *Responding to human rights violations 1946-1999,* International studies in human rights law, vol. 63, Martinus Njhoff Publishers, 2001;

Tomuschat, Christian "Human Rights between Idealism and Realism", Oxford University Press, 2003;

Van Dijk P. e van Hoof, G.J. H., *Theory and Practice of the European Convention on Human Rights,* The Hague: Kluwer, 3ª edição, 1998;

Human Rights, Textbook for Higher Education Institutions, Editor-in-Chief E. Lukasheva, Moscovo, 1999.

Artigos

Bratspies M., Rebecca. "Órgãos da sociedade": um apelo à responsabilização em matéria de direitos humanos para as empresas transnacionais e outras entidades empresariais" 13 Michigan. St. J. Int'l L 9, p. 24. Disponível na base de dados Westlaw. Última visita, 22 de Abril de 2008;

Coffee John C. Jr. "No Soul to Damn: No Body to Kick": an unscandalized inquiry into the problem of corporate punishment', 79 Michigan Law Review 386 (1981). Disponível na base de dados Westlaw. Última visita, 11 de Abril de 2008;

Finell, Peter "Accountability under Human Rights Law and International Criminal Law for Atrocities Against Minority Groups Committed by Non-State Actors", Abo Akademi Institute for Human Rights, Maio de 2002. disponível na Internet em http://web.abo.fi/instut/imr/norfa/peter.pdf Última visita em 24 de Março de 2008;

Jochnick, Chris "Confrontando a Impunidade de Actores Não Estatais: Novos Campos para a Promoção dos Direitos Humanos" 21 Hum. Rts. Q, 1999;

"Direito internacional - Genocídio. O Tribunal da ONU considera que o discurso de ódio dos meios de comunicação social constitui genocídio, incitação ao genocídio e crimes contra a humanidade".casos recentes. 117 Harv. L. Rev. 2769 (Harvard Law Review), Junho, 2004. Disponível na base de dados do Westlaw. Última visita, 22 de Abril de 2008;

Hayner, Priscilla, Quinze Comissões da Verdade - 1974 a 1994: Um Estudo Comparativo, 16 Hum. Rts. Q., 1994. Disponível em Heinonline. Última visita, 23 de Abril de 2008;

Hessbruegge, Jan Arno "Human Rights violations arising from conduct of Non-State Actors", 11 Buff. Hum. Rts. L. Rev. (Buffalo Human Rights Law Review) 21, 2005. Disponível na base de dados Westlaw. Última visita, 9 de Abril de 2008;

Lachman, Danielle "Human Rights in Bosnia: implementing an effective prosecution" 8 Fla. J. Int'l L. 325 (Florida Journal of International law), Verão de 1993. Disponível na base de dados Westlaw. Última visita, 23 de Abril de 2008;

Policista, Pablo "Direitos Humanos e Grupos Armados": Toward a New Policy Architecture", Julho de 2002, disponível em The Armed Groups Project website: http://www.armedgroups.org/the-armed-groups-project/working-paper. Última visita em Abril, 4 de Abril de 2008;

Quigley, John "State Responsibility for Ethnic Cleansing" 32 U.C. Davis Law Review. 341, Inverno, 1999. Disponível na base de dados Westlaw. Última visita, 19 de Abril de 2008;

Schabas A., William "Punishment of Non-State Actors in Non-International Armed Conflict", 26 Fordham International Law Journal, 907, Abril, 2003, p. 921. Disponível na base de dados Westlaw. Última visita a 8 de Abril de 2008;

Jurisprudência

TEDH

Altun contra Alemanha, decisão de admissibilidade de 3 de Maio de 1983, pedido 10308/83;

Agrotexim e outros v Grécia, requerimento 14807/89, acórdão de 24 de Outubro de 1995;

Ergi v. Turquia, requerimento 66/1997/850/1057, acórdão de 28 de Julho de 1998;

Jorgic versus Alemanha, acórdão de 12 de Julho de 2007, requerimento 74613/01;

Osman v. Reino Unido, Acórdão de 28 de Outubro de 1998, requerimento 87/1997/871/1083, Tribunal Europeu dos Direitos do Homem, Relatórios 1998-VIII;

Silidian versus France, sentença de 26 de Julho de 2005, Requerimento nº 73316/01;

Timpul info-magazin e Anghel versus Moldávia, Acórdão de 27 de Novembro de 2007, requerimento 42864/05;

Sharif Hussein Ahmed contra a Áustria, Pedido n° 25964/94, relatório da Comissão adoptado a 5 de Julho de 1995;

Sunday Times contra Reino Unido, Acórdão de 26 de Abril de 1979, requerimento 6538/74;

Vo contra França, requerimento nº 53924/00, acórdão de 8 de Julho de 2004;

X e Y contra Países Baixos, acórdão de 25 de Março de 1985, pedido n.º 8978/80;

W contra o Reino Unido, app.9348/81, decisão de 28 de Fevereiro de 1983;

ICJ

Aplicação da Convenção sobre a Prevenção e Punição do Crime de Genocídio (Bósnia e Herzegovina v. Sérvia e Montenegro), acórdão de 26 de Fevereiro de 2007;

Barcelona Traction, Light and Power Company, Limited, Second Phase, I.C.J. Reports 1970;

Actividades Militares e Paramilitares em und contra a Nicarágua (Nicarágua v. Estados Unidos da América). Méritos, Julgamento. I.C.J. Relatórios 1986;

ICTR

Procurador contra Jean-Paul Akayesu, Processo n.º ICTR-96-4-T, acórdão da Câmara I do ICTR, 2 de Setembro de 1998;

Procurador contra Nahimana, Barayagwiza, & Ngeze, caso nº. ICTR-99- 52-T, julgamento e sentença da Câmara de Julgamento do ICTR de 3 de Dezembro de 2003;

ICTY

Procurador contra Goran Jelisic, acórdão de 14 de Dezembro de 1999 da Câmara de Julgamento do ICTY, Processo n.º IT-95-10-T;

Procurador contra Dario Kordic e Mario Cerkez, processo IT-95-14/2, acórdão da Câmara de Julgamento do ICTY de 26 de Fevereiro de 2001;

Procurador contra Radislav Krstic, julgamento da Câmara de Julgamento do ICTY, IT- 98-33, 2 de Agosto de 2001;

Procurador contra Dragoljub Kunarac e outros, processo nº: IT-96-23-T e IT-96-23/1-T, acórdão da Câmara de Julgamento do ICTY de 22 de Fevereiro de 2001;

Procurador contra Dragoljub Kunarac e outros, processo nº IT-96-23 e IT-96-23/1-A, acórdão da Câmara de Recursos do ICTY de 12 de Junho de 2002;

Procurador contra Zoran Kupreskic e outros, julgamento da Câmara de Julgamento do ICTY de 14 de Janeiro de 2000, IT-95-16;

Procurador contra Dusko Tadic, parecer e julgamento da Câmara de Julgamento do ICTY de 7 de Maio de 1997, processo nº IT-94-1-T;

Procurador v Dusko Tadic, Decisão sobre a Moção de Recurso Interlocutório de Jurisdição da Defesa, 2 de Outubro de 1995;

Procurador contra Dusko Tadic, acórdão da Câmara de Recurso do ICTY de 15 de Julho de 1999, processo IT-94- 1-A;

Tribunal Interamericano dos Direitos Humanos

A Mayagna (Sumo) Awas Tingni Community v. Nicaragua, Acórdão de 31 de Agosto de 2001, Inter-Am. Ct. H.R., (Ser. C) No. 79 (2001);

Velasquez Rodriguez contra Honduras, acórdão de 29 de Julho de 1988, Inter-Am.Ct.H.R. (Ser. C) No. 4 (1988);

Tribunal Especial da Serra Leoa

Procurador contra Sam Hinga Norman (processo SCSL-2004-14-AR72(E)). Decisão sobre moção preliminar baseada na falta de jurisdição (recrutamento de crianças). Decisão de 31 de Maio de 2004, Câmara de Recurso.

Comité dos Direitos Humanos da ONU

Joaqun David Herrera Rubio et al. v. Colômbia, Comunicação nº 161/1983, U.N. Doc. CCPR/C/OP/2 em 192 (1990);

Maria del Carmen Almeida de Quinteros et al. v. Uruguai, Comunicação nº 107/1981, U.N. Doc. CCPR/C/OP/2 (1990);

Estados Unidos da América

Doe versus Unocal Corp., 110 F.Supp.2d 1294 (C.D.Cal. 2000), sentença sumária para arguido;

Kadic versus Karadzic 70 F 3d 232 (2º Circuito, 1995);

Phillips Petroleum Co. Iran v. Islamic Republic of Iran (1989) 21 Iran-U.S.C.T.R. 79;

Re South African Apartheid Litigation, US District Court Southern District of New York, 29 de Novembro de 2004, Sprizzo DJ;

The Presbyterian Church of Sudan et al v Talisman Energy Inc, Republic of the Sudan Civil Action 01 CV 9882 (AGS), US District Court for the Southern District of New York , Ordem de 19 de Março de 2003;

Wiwa versus Royal Dutch Shell Petroleum (Shell), US District Court for the Southern District of New York, 28 de Fevereiro de 2002;

Outros

O Processo Zyklon B, Processo de Bruno Tesch e Dois outros, Tribunal Militar Britânico, Hamburgo, 1-8 de Março de 1946. Fonte: The Zyklon B: Law-Reports of Trials of War Criminals, The United Nations War Crimes Commission, Volume I, Londres, HMSO,1947;

Tratados, legislação e outros instrumentos relevantes

1.   Convenções.

Carta Africana [Banjul] dos Direitos Humanos e dos Povos, adoptada a 27 de Junho de 1981, OAU Doc. CAB/LEG/67/3 rev. 5, 21 I.L.M. 58 (1982), que entrou em vigor em 21 de Outubro de 1986;

A Convenção Americana sobre Direitos Humanos, O.A.S. Série de Tratados nº 36, 1144 U.N.T.S. 123 entrou em vigor a 18 de Julho de 1978, reimpressa em Documentos Básicos Referentes aos Direitos Humanos no Sistema Interamericano, OEA/Ser.L.V/II.82 doc.6 rev.1 a 25 (1992);

Artigos sobre a Responsabilidade dos Estados por Actos Internacionalmente Errados, adoptados pela resolução 56/83 da Assembleia Geral de 12 de Dezembro de 2001, e corrigidos pelo documento A/56/49(Vol. I)/Corr.4;

Convenção contra a Tortura e Outros Tratamentos ou Penas Cruéis, Desumanos ou Degradantes, adoptada pela resolução 39/46 da Assembleia Geral de 10 de Dezembro de 1984;

Convenção sobre a Prevenção e Punição do Crime de Genocídio, adoptada pela Resolução 260 (III) A da Assembleia Geral das Nações Unidas a 9 de Dezembro de 1948;

Convention on Prohibitions or Restrictions on the Use of Certain Conventional Weapons Which May be Deemed to be Excessively Injurious or to Have Indiscriminate Effects, Genebra, 10 de Outubro de 1980;

Convenção Europeia para a Protecção dos Direitos do Homem e das Liberdades Fundamentais, (ETS No. 5), 213 U.N.T.S. 222, entrou em vigor em 3 de Setembro de 1953, emendada pelos Protocolos No. 3, 5, 8, e 11, que entraram em vigor em 21 de Setembro de 1970, 20 de Dezembro de 1971, 1 de Janeiro de 1990, e 1 de Novembro de 1998, respectivamente;

Pacto Internacional sobre os Direitos Civis e Políticos, G.A. res. 2200A (XXI), 21 U.N. GAOR Sup. (No. 16) a 52, U.N. Doc. A/6316 (1966), 999 U.N.T.S. 171, entrou em vigor em 23 de Março de 1976;

Primeira Convenção de Genebra para a Melhoria da Condição dos Feridos e Doentes nas Forças Armadas no Campo. Genebra, 12 de Agosto de 1949;

Segunda Convenção de Genebra para a Melhoria do Estado dos Feridos, Doentes e Náufragos Membros das Forças Armadas no Mar. Genebra, 12 de Agosto de 1949;

Terceira Convenção de Genebra relativa ao Tratamento dos Prisioneiros de Guerra. Genebra, 12 de Agosto de 1949;

Quarta Convenção de Genebra relativa à Protecção das Pessoas Civis em Tempo de Guerra. Genebra, 12 de Agosto de 1949;

Protocolo Adicional às Convenções de Genebra de 12 de Agosto de 1949, e relativo à Protecção das Vítimas dos Conflitos Armados Internacionais (Protocolo I), 8 de Junho de 1977;

Protocolo Adicional às Convenções de Genebra de 12 de Agosto de 1949, e relativo à Protecção das Vítimas de Conflitos Armados Não Internacionais (Protocolo II), 8 de Junho de 1977;

2.   Resoluções.

Resolução 1216 (1998) sobre a Guiné-Bissau, adoptada pelo Conselho de Segurança na sua 3958ª reunião de 21 de Dezembro de 1998;

Resolução ResDH(2002)99 relativa ao acórdão do Tribunal Europeu dos Direitos do Homem de 17 de Dezembro de 1996 no processo Ahmed contra a Áustria, adoptada pelo Comité de Ministros em 7 de Outubro de 2002 na 810ª reunião dos Delegados dos Ministros;

Resolução das Nações Unidas sobre Criminosos de Guerra, Doc. das Nações Unidas. A/8028 (1970) G.A. Res. 2712;

Princípios de cooperação internacional na detecção, detenção, extradição e punição de pessoas culpadas de crimes de guerra e crimes contra a humanidade, adoptados pela resolução 3074 (XXVIII) da Assembleia Geral de 3 de Dezembro de 1973, Doc. da ONU. A/9030 (1973) G.A. Res 3074;

Resolução da Comissão dos Direitos Humanos da ONU sobre El Salvador, 1991/71;

Resolução da Assembleia Geral da ONU sobre a situação na Bósnia-Herzegovina, A/RES/47/121, 91ª reunião plenária, 18 de Dezembro de 1992;

3.   Estatutos

Estatuto de Roma do Tribunal Penal Internacional, U.N. Doc. A/CONF.183/9;

Estatuto do Tribunal Penal Internacional para o Ruanda;

Estatuto do Tribunal Penal Internacional para a ex-Jugoslávia (emendado a 28 de Fevereiro de 2006 pela Resolução 1660);

4.   Acordos, declarações, comentários.

Acordo para a Acusação e Punição dos Criminosos de Guerra Graves do Eixo Europeu, e Carta do Tribunal Militar Internacional. Londres, 8 de Agosto de 1945;

Declaração sobre o Direito e Responsabilidade dos Indivíduos, Grupos e Órgãos da Sociedade de Promover e Proteger os Direitos Humanos e Liberdades Fundamentais Universalmente Reconhecidos, A/RES/53/144, 8 de Março de 1999;

Deed of Commitment under Geneva Call for Adherence to a Total Ban n Anti-Personnel Mines and For Cooperation in Mine Action, 4 de Outubro de 2001, Genebra, Suíça;

Projecto de Código dos Crimes contra a Paz e a Segurança da Humanidade, 1996;

Comentário Geral do Comité dos Direitos Humanos 29 Estados de Emergência (artigo 4), CCPR/C/21/Rev.1/Add.11, 31 de Agosto de 2001;

Acordo de San Jose sobre Direitos Humanos entre El Salvador e a Frente Farabundo Marti para la Liberacion Nacional (26 de Julho de 1990);

Declaração Universal dos Direitos do Homem, adoptada e proclamada pela resolução 217 A (III) da Assembleia Geral de 10 de Dezembro de 1948;

Estudos, relatórios, documentos de trabalho

Conselho Internacional sobre Política de Direitos Humanos: "Fins e meios: abordagens dos direitos humanos aos grupos armados   ",   disponível na Internet http://www.reliefweb.int/library/documents/2001/EndsandMeans.pdf. Última visita em 25 de Março de 2008;

"Terrorismo e direitos humanos". Documento de trabalho apresentado por Kalliopi K. Koufa, em conformidade com a resolução da Sub-Comissão 1996/20. Documento da ONU. E/CN.4/Sub.2/1997/28;

"Normas humanitárias mínimas". Relatório analítico do Secretário-Geral apresentado nos termos da resolução da Comissão dos Direitos do Homem 1997/2, Doc. da ONU. E/CN.4/1998/87 5 de Janeiro de 1998;

Relatório "Fundamental Standards of Humanity" do Secretário-Geral apresentado nos termos da resolução 2000/69 da Comissão. Relatório da Reunião de Peritos sobre Normas Fundamentais de Humanidade", documento da ONU. E/CN.4/2001/91 12 de Janeiro de 2001, Estocolmo 22-24, Fevereiro de 2000.

Relatório do Alto Comissário para os Direitos Humanos sobre a situação dos direitos humanos na Colômbia, E/CN.4/2005/10, 28 de Fevereiro de 2005;

Relatório Final da Comissão de Peritos criada nos termos da Resolução 780 (1992) do Conselho de Segurança, 27 de Maio de 1994, U.N. SCOR, Anexo 1, aos 33 anos, U.N. Doc. S/1994/674 (1994);

9º relatório anual do programa de crimes de guerra do Canadá, disponível na página web do Departamento   de   Justiça   do   Canadá: http://www.cbsa.gc.ca/security-securite/wc-cg/wc-cg2006-eng.html. Última visita, 23 de Abril de 2008;

Relatório da Comissão Interamericana de Direitos Humanos sobre o Massacre de Riofrio, Relatório nº 62/01, Processo 11.654, Massacre de Riofrio, Colômbia, 6 de Abril de 2001;

"Jurisdição Universal e Ausência de Imunidade para Crimes Contra a Humanidade", Amnistia Internacional,1 de   Janeiro de   1999. Disponível em http://www.globalpolicy.org/intljustice/universal/0199pinochet.htm. Última visita, 26 de Maio de 2008;

Comunicados de imprensa, entrevistas

Benjamin B. Ferencz "Crimes Contra a Humanidade", Transcript, National Public Radio interview from "The World", 19 de Setembro de 2001". Disponível na Internet em: http://www.benferencz.org/.http://www.benferencz.org/audio.html. Última visita, 16 de Abril de 2008;

"Limaj, Bala e Musliu Face Justice", Koha Ditor, 15 de Novembro de 2004. Comunicado de imprensa disponível no website do ICTY: http://www.un.org/icty/cases-e/index-e.htm. Última visita, 23 de Abril de 2008.

Fontes da Internet:

Tribunal Europeu dos Direitos do Homem: www. echr. coe. int

Geneva Call: www. genevacall. org/home. htm

Pacto Global: www.unglobalcompact.org

Fórum de Política Global: http://www.globalpolicy.org

Tribunal Interamericano dos Direitos Humanos:
http://www. corteidh. ou. cr/index. cfm?CFID=23 5104&CFTOKEN=261003 03

Comité Internacional da Cruz Vermelha: http://www.icrc.org/

Tribunal Internacional de Justiça: www.icj-cij.org

Tribunal Internacional para a ex-Jugoslávia: www. un. org/icty/

Tribunal Internacional para o Ruanda: http://69.94.11.53/

O projecto Grupos Armados: http://www.armedgroups.org/

Nações Unidas: www.un.org

United States Code Collection: http://www. law. cornell.edu/uscode/

Printed by Books on Demand GmbH, Norderstedt / Germany